Handbuch zum Täter-Opfer-Ausgleich
im Jugendstrafrecht

Hendrik Middelhof · Winfried Priem

Täter-Opfer-Ausgleich im Jugendstrafrecht

Das Handbuch für die Praxis

MÖNCHENGLADBACH

FORUM VERLAG GODESBERG

Bibliographische Information der Deutschen Nationalbibliothek
Die Deutsche Nationalbibliothek verzeichnet diese Publikation
in der Deutschen Nationalbibliographie: detaillierte bibliografische
Daten sind im Internet über http://dnb.d-nb.de abrufbar.

Über die Autoren

Hendrik Middelhof

Jahrgang 1956 / Mediator in Strafsachen sowie lizenzierter Mediator und Ausbilder für Mediation im Bundesverband Mediation (BM) / seit 2000 leitet er die Präsenzseminare zum Täter-Opfer-Ausgleich für die Fernuniversität Hagen / er hat den Täter-Opfer-Ausgleich der Jugendgerichtshilfe Aachen aufgebaut und zahlreiche Fortbildungen auf diesem Gebiet durchgeführt, u.a. gemeinsam mit *Winfried Priem* für den Landschaftsverband Rheinland /

Winfried Priem

Jahrgang 1954 / Mediator in Strafsachen und seit Dezember 2017 pensionierter Jugendgerichtshelfer / nach Aufbau der Jugendgerichtshilfe Stolberg/Rhld. dort 35 Jahre Tätigkeit / Praxisanleiter und Aufbau des dortigen Täter-Opfer-Ausgleichs-Projektes / gemeinsam mit *Hendrik Middelhof* zahlreiche Fortbildungsveranstaltungen für den Landschaftsverband Rheinland („Praktiker für Praktiker")

Ihr Credo: Aus der Praxis für die Praxis.

© Forum Verlag Godesberg GmbH, Mönchengladbach
Alle Rechte vorbehalten
Mönchengladbach 2018
Satz und Layout: Hendrik Middelhof / Winfried Priem
Titelbild: Hendrik Middelhof / Winfried Priem (Vorlage von PresentationLoad GmbH, Mainz)
Herstellung: BoD - Books on Demand, Norderstedt
Printed in Germany
978-3-942865-92-0

In jedem bei den Staatsanwaltschaften und Gerichten geführten Ermittlungs- und Strafverfahren gibt es einen oder mehrere Täter und im Regelfall ein oder mehrere persönliche Opfer. Im Zentrum eines jeden Verfahrens steht der Täter. Er hat – was hier aus rechtsstaatlichen Gründen auch nicht in Abrede gestellt werden kann und darf – viele Rechte. So hat er das Recht, sich nicht zu dem gegen ihn erhobenen Vorwurf zu äußern, d.h. er kann im gesamten Verfahren schweigen. Er bekommt – je nach Schwere des Delikts – von Amtswegen schon im Ermittlungsverfahren einen sog. Pflichtverteidiger bestellt. Ist er in Untersuchungshaft, müssen von Amtswegen Fristen zur Prüfung beachtet werden, ob die Voraussetzungen der Anordnung der Untersuchungshaft noch gegeben sind.

Demgegenüber hat der Mensch, der oft zufällig Opfer einer Straftat geworden ist, im Ermittlungs- und Strafverfahren in erster Linie die mit Pflichten verbundene Stellung einer Zeugin oder eines Zeugen. Sie oder er muss z.B. grundsätzlich zu dem Tatgeschehen – auch auf Fragen, die den ganz persönlichen Lebensbereich betreffen – eine Aussage machen. Auch wenn die Rechte von Verletzten durch mehrere Opferrechtsreformgesetze in den Jahren 2004, 2009 und 2015 deutlich gestärkt worden sind, ist ihre Stellung nach wie vor untergeordnet. Insbesondere muss der oder die Verletzte immer selber initiativ werden.

Täter und Opfer haben im Ermittlungs- und Strafverfahren im Regelfall keine Berührungspunkte. Und das ist in vielen Fällen nicht gut. Gerade in den Fällen, in denen Täter und Opfer in einer – wie auch immer gearteten Beziehung stehen (z.B. eine Schule besuchen, in einer Clique oder Arbeitskollegen sind oder in Nachbarschaft leben) – ist allein ein Ermittlungs- und Strafverfahren oft nicht geeignet, den Rechtsfrieden wiederherzustellen und ein weiteres verträgliches Zusammenleben der beiden Menschen zu ermöglichen.

Mit dem zunächst im Jahre 1990 durch das 1. JGG-Änderungsgesetz als Alternative zur förmlichen Strafverfolgung im Rahmen der sog. Diversion (§§ 45, 47 JGG) und in den Katalog der Weisungen gemäß § 10 JGG in das jugendgerichtliche Verfahren und seit 1999 durch das Gesetz zur strafverfahrensrechtlichen Verankerung des Täter-Opfer-Ausgleichs auch in den §§ 153a Nr. 5, 155a, 155b der Strafprozessordnung offiziell anerkannten Täter–Opfer-Ausgleich hat der Gesetzgeber nach langen Debatten ein sehr gutes Instrument gefunden, das vorbeschriebene Nebeneinander von Täter und Opfer zu durchbrechen. Durch einen

Täter-Opfer-Ausgleich haben Täter und Opfer unter professioneller Begleitung u.a. die Möglichkeit, über das Tatgeschehen und die Hintergründe aus der jeweiligen Perspektive zu sprechen und zuzuhören. Der Täter hat Gelegenheit, sich zu entschuldigen und dem Opfer einen Schadensersatz und/oder ein Schmerzensgeld anzubieten. Das Opfer findet in dem Ausgleichsgespräch einen geschützten Raum, seine Ängste, seine Betroffenheit – oft auch seine Wut oder Enttäuschung – dem Täter in einer über eine förmliche Vernehmung hinausgehende Weise darzulegen. Gerade in den vielen Fällen, in denen zwischen Täter und Opfer eine Beziehung besteht, ist ein solcher Ausgleich oft die Grundlage für weiteres Zusammenleben ohne Scham und Angst. Aber auch in Fällen, in denen zwischen Täter und Opfer keine Beziehung gegeben ist, kann ein Täter-Opfer-Ausgleich wichtige Weichen stellen. Dem Täter kann man hierdurch – oft besser und eindrucksvoller in dem persönlichen Kontakt als in dem streng geregelten Ablauf einer Hauptverhandlung im Gerichtssaal – vor Augen führen, welche Ängste, Veränderungen in der persönlichen Lebensführung, finanziellen Schäden er verschuldet hat.

Als der Täter-Opfer-Ausgleich im Jahre 1990 in das Jugendgerichtsgesetz eingefügt worden ist, war ich als Jugendstaatsanwältin tätig. Ich habe diese Änderung seinerzeit mit Freude begrüßt und – in geeignet erscheinenden Fällen – davon schon früh und gerne Gebrauch gemacht, mit überwiegend positiven Erfolgen. Auch in meinen weiteren vielen Dienstjahren in Justiz habe ich dem Täter-Opfer-Ausgleich als Leiterin einer Jugendabteilung in der Staatsanwaltschaft, als Leiterin einer Staatsanwaltschaft und zuletzt als Generalstaatsanwältin immer mein besonderes Augenmerk gewidmet. Insbesondere bin ich immer dem nicht selten zu hörenden Argument von Kolleginnen und Kollegen „ein Täter-Opfer-Ausgleich dauert zu lange" energisch entgegengetreten. Das kann und darf kein Argument sein! Erscheint ein Verfahren – entweder schon im Ermittlungsverfahren oder aber auch nach der Anklageerhebung – geeignet, sollte ein Täter-Opfer-Ausgleich nicht unversucht bleiben.

Seit einigen Monaten bin ich zur Beauftragten für den Opferschutz des Landes Nordrhein-Westfalen bestellt. Auch in dieser neuen Aufgabe erkenne ich aus vielen schriftlichen Anfragen und auch in persönlichen Gesprächen mit Deutlichkeit, wie stark Opfer durch Straftaten – sei es durch ihnen bekannte oder unbekannte Täter – betroffen sind und leiden, oft jahrelang. Insbesondere die Frage „Warum bin gerade ich Opfer geworden?" quält die Opfer und bleibt im Ermittlungs- und Strafverfahren für das Opfer oft unbeantwortet. In meiner neuen Funktion sehe ich deshalb im Sinne eines effektiven Opferschutzes die Notwendigkeit, in geeigneten Fällen – in welchem Verfahrensstand auch immer – einen Täter-Opfer-Ausgleich zu versuchen, mit unveränderter, ja noch größerer Deutlichkeit.

Das „Handbuch zum Täter-Opfer-Ausgleich im Jugendstrafrecht" von Hendrik Middelhof und Winfried Priem gibt eine sehr gute Anleitung für alle in der Praxis Tätigen. Es zeigt die unterschiedlichen Konstellationen auf, legt Vorgehensweisen dar, gibt Hilfestellung gleichermaßen für Berufsanfängerinnen und Berufsanfänger sowie für „alte Hasen". Es ist ein idealer Wegweiser!

Köln, im März 2018

Elisabeth Auchter-Mainz

Generalstaatsanwältin a.D.
Beauftragte für den Opferschutz
des Landes Nordrhein-Westfalen

Inhaltsverzeichnis

Geleitwort   **5**

Einleitung   **15**

    „Strafe muss sein!" forderte das Opfer – und wurde bestraft   15

Kapitel I   **17**

Das Jugendstrafrecht   17

  1.   Der Erziehungsgedanke im Jugendstrafrecht   17

  1.1   Die Massnahmen nach dem Jugendgerichtsgesetz (JGG)   18

  1.2   Jugendhilfe im Strafverfahren: Die Jugendgerichtshilfe   20

  1.3   Die Stellung der JGH im Jugendstrafverfahren   24

  1.4   Jugendstrafrecht ist Täterstrafrecht (Spezialprävention)   24

Kapitel II   **27**

Das Opfer im Strafverfahren   27

  2.   Opferorientierung contra Täterorientierung   28

  2.1   Opferbezogene Delikte   29

  2.1.1   Gewaltdelikte   29

  2.1.2   Eigentums- und Vermögensdelikte   30

  2.1.3   Sonstige Delikte   30

  2.2   Der Opferbegriff   30

  2.2.1   Opferschäden   31

  2.2.2   Durch die Tat entstandene Schäden   31

  2.2.3   Opferschäden, die durch das soziale Umfeld entstehen   32

  2.3   Das Anzeigeverhalten der Geschädigten   33

  2.4   Übersicht: Konflikte als Tat-Sachen   34

  2.5   Konfliktorientierung statt Tatorientierung   35

  2.6   Zur Problematik der Trennung von Straf- und Zivilrecht   37

  2.6.1   Schadenswiedergutmachung   38

2.6.2	Das Adhäsionsverfahren	39
2.6.3	Die Privatklage	40
2.6.4	Die Nebenklage	40

Kapitel III — 43

Der Täter-Opfer-Ausgleich — 43

3.	Das Ziel: Die Wiederherstellung des rechtlichen und sozialen Friedens	43
3.1	Eignungs- und Durchführungskriterien	46
3.2	Rechtliche Grundlagen in unterschiedlichen Verfahrensstadien	49
3.2.1	Das Vorverfahren (Diversion)	49
3.2.2	Das Hauptverfahren	50
3.2.3	Der TOA innerhalb der Bewährungszeit	51
3.3	Weitere Möglichkeiten in der Praxis	52
3.4	Der TOA als Voraussetzung zur Strafmilderung	55

Kapitel IV — 57

Die praktische Durchführung — 57

4.	Die Grundlagen des Täter-Opfer-Ausgleichs	57
4.1	Typischer Verlauf in sieben Schritten	57
4.1.1	Prüfung der Eignungskriterien	57
4.1.2	Einladung des Täters zum Vorgespräch	57
4.1.3	Einladung des Geschädigten zum Vorgespräch	58
4.1.4	Terminierung des Ausgleichsgespräches	59
4.1.5	Das Ausgleichsgespräch	59
4.1.6	Der Abschlussbericht	60
4.1.7	Überwachung der Einhaltung von Vereinbarungen	60
4.2	Alternativen zum Ausgleichsgespräch	60
4.3	Opferfonds	61
4.4	Dokumentation eines Falles	63
4.5	Erfolgskriterien	65
4.6	Erfahrungen und Erfolgsquoten: Die Akzeptanz des TOA	65
4.6.1	Opferzufriedenheit	67
4.6.2	Täterzufriedenheit	68

Kapitel V   **71**

Mediation im Strafrecht   **71**

5.   Mediation: Unterstützung durch neutrale Vermittler   71

5.1   Die Grundprinzipien der Mediation   72

5.1.1   Vermittlung durch neutrale Dritte   72

5.1.2   Allparteilichkeit der Vermittler   72

5.1.3   Einbeziehung aller Konfliktparteien   73

5.1.4   Freiwilligkeit der Teilnahme   73

5.1.5   Selbstbestimmung und Eigenverantwortung   74

5.1.6   Die informelle und außergerichtliche Ebene   74

5.1.7   Vertraulichkeit der Gespräche und geschützter Rahmen   75

5.1.8   Offenheit und Informiertheit   75

5.1.9   Zukunfts- und Konsensorientierung   76

5.1.10 Ergebnisoffenheit   76

5.2   Rechthaben versus Gerechtigkeit   77

5.2.1   Die allgemeinen Ziele der Argumentation   78

5.3   Das Gespräch am „runden Tisch"   78

5.4   Die Rolle des Mediators   80

5.4.1   Hilfreiche Grundannahmen für die Gesprächsführung   81

5.5   Verhandeln heisst: Fair handeln   83

5.6   Die Phasen und Interventionen der Mediation im Strafrecht   88

5.6.1   Der Täter-Opfer-Ausgleich: Mediation im Strafrecht   88

5.6.2   Vorbereitungsphase   89

5.6.3   Hauptphase – Das Ausgleichsgespräch   91

5.6.4   Abschlussphase   94

Kapitel VI   **95**

Methoden und Techniken   **95**

6.1   Der Prozessleitplan   96

6.2   Fallbeispiel zum Prozessleitplan TOA   105

Kapitel VII   *115*

Zivilrecht   **115**

7.1   Grundlagen   117

7.1.1   Geschäftsfähigkeit   117

7.1.2   „Taschengeldparagraph"   117

7.1.3   Deliktsfähigkeit   117

7.1.4   Elternhaftung   118

7.1.5   Zivilrechtlicher Schadensbegriff/Haftungsumfang   118

7.1.5.1   Sachschäden   118

7.1.5.2   Vermögensschäden   118

7.1.5.3   Gesundheitsschädigungen   119

7.2   Verträge und Vereinbarungen   121

7.2.1   Form   121

7.2.2   Gesetzes- und Sittenwidrigkeit   122

7.2.3   Abgrenzung: Mediation und Rechtsberatung   122

7.3   Verjährung   122

7.4   Mitverschulden   122

7.5   Gesamtschuldnerische Haftung   123

7.6   Schweigepflicht   123

7.7   Versicherungsschutz bei Arbeitsleistungen im Rahmen des Opferfonds   123

7.8   Opferentschädigungsgesetz   124

Kapitel VIII   *127*

Kooperation mit Verfahrensbeteiligten   **127**

8.1   Die Polizei   127

8.2   Die Staatsanwaltschaft   128

8.3   Das Jugendgericht   128

8.4   Rechtsanwälte im Ausgleichsverfahren   129

8.4.1   Der Rechtsanwalt als Täteranwalt   130

8.4.2   Der Rechtsanwalt als Opferanwalt   131

8.4.3   Perspektivenwechsel – Der Rechtsanwalt und die Konfliktorientierung   133

8.4.4   Die Zusammenarbeit von Rechtsanwalt und Vermittler   134

Kapitel IX   *139*

Täter-Opfer-Ausgleich als Aufgabe der Jugendhilfe   **139**

9.1	Mit dem „Ko-System" zum Erfolg – Leitlinien für den Aufbau eines TOA-Projekts	140
9.1.1	Konzeption	140
9.1.2	Kompetenz	142
9.1.3	Kontakt	143
9.1.4	Konsens	145
9.1.5	Konsequenz	145
9.1.6	Kontinuität	146
9.1.7	Kosten	147
9.1.8	Kooperation	148
9.1.9	Kollegialität	148
9.2	Kapazitäten	149
9.3	Der zeitliche Aufwand von TOA im Vergleich zum förmlichen Verfahren	150
9.4	Akzeptanz in der eigenen Institution	154
9.5	Einrichtung eines Opferfonds	156
9.6	Erhöhung der Fallzahlen: Kooperation mit der Justiz	156
9.7	Die praktische Fallarbeit – Schritt für Schritt	159
9.7.1	Fallzuweisung	160
9.7.1.1	Ermittlungsakte der Staatsanwaltschaft	160
9.7.1.2	Anklageschrift	160
9.7.1.3	Polizeibericht	160
9.7.1.4	Selbstmelder	162
9.7.1.5	Haftentscheidungshilfe	163
9.7.1.6	Sonderfall: Die eigene Verwaltung als Geschädigte	164
9.7.2	Datenaufnahme im Eingangsbuch	164
9.7.3	Die Checkliste (Anhang)	165
9.7.4	Einladung des Täters zum Vorgespräch	166
9.7.5	Einladung des Geschädigten zum Vorgespräch	168
9.7.6	Materieller Schadensersatz	170
9.7.7	Beteiligung von Rechtsanwälten	172
9.7.8	Terminierung des Ausgleichsgespräches	172
9.7.9	Das Ausgleichsgespräch	173

9.7.10	Vereinbarungen	176
9.7.11	Einsatz des Opferfonds	179
9.7.12	Abschlussbericht	181
9.8	Das Faltblatt	182
9.9	Statistik	185

Kapitel X — **187**

Fazit: Der TOA und „brauchbare Gerechtigkeit" — **187**

| 10.1 | „Brauchbare Gerechtigkeit" nach Lutz Netzig | 187 |
| 10.2 | Die „empirischen Verallgemeinerungen" | 105 |

Anhang 1: Die Checkliste — **197**

Literaturangaben — **199**

Anhang 2: Der Prozessleitplan zum Täter-Opfer-Ausgleich — **201**

EINLEITUNG

„STRAFE MUSS SEIN!" FORDERTE DAS OPFER – UND WURDE BESTRAFT

In vielen Strafverfahren stellt die Sanktionierung der Täter[1] nicht nur unmittelbar eine Bestrafung für diese selbst dar, sondern mittelbar auch für die Opfer.

Freiheitsentziehung, hohe Geldstrafen, Geldbußen und Verfahrenskosten hindern die Täter vielfach, eine Wiedergutmachung an die Geschädigten zu leisten. Sie setzen sich mit der Strafe auseinander und sehen diese als einzige Konsequenz ihrer Tat. Die Täter haben weder vor noch nach ihrer Verurteilung einen Blick für die Tatfolgen, die meist nachhaltig auf die Opfer wirken.

Das Opfer hat meist psychisch, physisch, materiell und sozial an den Tatfolgen zu leiden. Seine Teilnahme im Strafverfahren beschränkt sich in der Regel – soweit erforderlich – auf die Funktion als „Beweismittel." Als Zeuge dient es der Wahrheitsfindung. Seine Bedürfnisse an Beseitigung oder Milderung psychischer Tatfolgen wie Schock, Angst, Ohnmacht und Kränkung, aber auch Wut und Verzweiflung stehen nicht im Mittelpunkt des Verfahrens und bleiben weitgehend unberücksichtigt. Gleiches gilt für körperliche und materielle Schäden. Um daraus entstandene Ansprüche geltend zu machen, wird das Opfer auf das Zivilverfahren verwiesen. Eine Frieden stiftende Funktion kommt so dem Strafrecht nicht zu. Eine doppelte Belastung für die Betroffenen:

Eine Tat, zwei Verfahren!
Der durch eine Tat entstandene Konflikt wird so nicht gelöst!

Seit den 90er Jahren hat sich zunächst im Jugendstrafverfahren, dann im Allgemeinen Strafrecht, eine Alternative entwickelt und etabliert, Streitfälle außergerichtlich zu regeln, ohne dass die Betroffenen auf bestehende Rechte verzichten müssen: **Der Täter-Opfer-Ausgleich.**

---

[1] Im allgemeinen Sprachgebrauch ist von Tätern die Rede: Hier ist die Täterin mit gemeint.

Der Täter-Opfer-Ausgleich beinhaltet die Aufarbeitung der Tat, ihrer Folgen und die Vereinbarung von Leistungen zur endgültigen Konfliktbereinigung und Wiedergutmachung unter Beteiligung eines neutralen Vermittlers.[2]

Die autonome Wiederherstellung des Rechtsfriedens
durch die unmittelbar vom Konflikt Betroffenen
ist die beste Alternative zum Prozessieren.

Das folgende Handbuch ist von Praktikern für Praktiker geschrieben. Es erläutert Hintergründe, bietet methodisches und praktisches Erfahrungswissen und zeigt auf, wie sich der Täter-Opfer-Ausgleich in jeder Einrichtung, sei es eine Behörde oder freier Träger, auf den Weg bringen lässt.

Es ist eine Orientierungshilfe für die Mediation im Jugendstrafrecht.

---

[2] Die „Vermittlerin" ist stets mitgemeint.

KAPITEL I

DAS JUGENDSTRAFRECHT

Unter Jugendstrafrecht sind die im Jugendgerichtsgesetz (JGG) kodifizierten Regelungen über die Bearbeitung von Straftaten Jugendlicher und Heranwachsender zu verstehen. Als Sonderregelungen des Straf-, Strafprozess- und Gerichtsverfassungsrechts gelten sie für Straftaten des Personenkreises, der durch den § 1, II JGG bestimmt ist.

Es handelt sich um Jugendliche, welche zur Zeit der Tat vierzehn, aber noch nicht achtzehn, und um Heranwachsende, die zur Zeit der Tat achtzehn, aber noch nicht einundzwanzig Jahre alt sind.

Das Jugendstrafrecht ist ein eigenständiges Recht neben dem Allgemeinen Strafrecht. Beide Rechtsformen orientieren sich an denselben Straftatbeständen (Vergehen und Verbrechen), jedoch reagiert das Jugendstrafrecht darauf mit einem eigenen System erzieherischer Maßnahmen und ist somit an den Strafrahmen des Allgemeinen Strafrechts nicht gebunden.

1. DER ERZIEHUNGSGEDANKE IM JUGENDSTRAFRECHT

Ausgangspunkt ist die Erkenntnis, dass der junge, sich in der Entwicklung befindende Mensch noch nicht in dem erforderlichen Maße wie ein Erwachsener für sein Handeln als verantwortlich anzusehen ist.

Der Jugendliche ab vierzehn Jahren ist bedingt strafmündig. Daher ist in jedem Einzelfall gemäß § 3 JGG zu prüfen, ob er nach seiner sittlichen und geistigen Entwicklung reif genug ist, das Unrecht seiner Tat einzusehen und nach dieser Einsicht zu handeln.

Der Heranwachsende von achtzehn bis zwanzig Jahren befindet sich heute in der Regel länger in schulischer und beruflicher Ausbildung. Der Zeitpunkt der eigenständigen Lebensführung ohne umfassende Versorgung durch das Elternhaus verlagert sich oft über das Alter des Heranwachsens hinaus. Obwohl dieser Personenkreis ansonsten volljährig ist und damit zivilrechtlich voll verantwortlich, bildet das Jugendstrafrecht eine Ausnahme.

Unter den beiden folgenden Voraussetzungen ist bei jungen Volljährigen gemäß § 105, I JGG die Anwendung des Jugendstrafrechts möglich:

1. Die Gesamtwürdigung der Persönlichkeit des Täters auch unter der Berücksichtigung der Umweltbedingungen ergibt, dass er zur Zeit der Tat in seiner sittlichen und geistigen Reife eher einem Jugendlichen gleichstand, oder

2. dass es sich nach Art, den Umständen oder nach den Beweggründen der Tat um eine Jugendverfehlung handelt.

Das Jugendstrafrecht wird von dem Gedanken geleitet,

dass junge Menschen, die sich in der Entwicklung befinden,

noch in hohem Maße positiv beeinflussbar sind.

1.1 DIE MASSNAHMEN NACH DEM JUGENDGERICHTSGESETZ (JGG)

Während das Allgemeine Strafrecht im Wesentlichen die Freiheits- und die Geldstrafe vorsieht, hält das JGG eine Vielfalt erzieherischer Maßnahmen bereit, die die Lebensführung des jugendlichen Täters günstig beeinflussen sollen.

Das JGG unterscheidet Erziehungsmaßregeln, Zuchtmittel und Jugendstrafe.

Die häufigsten **Erziehungsmaßregeln** (§§ 9 – 12 JGG) sind die Weisungen nach § 10 JGG.

Der Richter kann dem Jugendlichen insbesondere auferlegen

1. Weisungen zu befolgen, die sich auf den Aufenthaltsort beziehen,
2. bei einer Familie oder in einem Heim zu wohnen,
3. eine Ausbildungs- oder Arbeitsstelle anzunehmen,
4. Arbeitsleistungen zu erbringen (die Verrichtung gemeinnütziger, unentgeltlicher Arbeit),
5. sich der Aufsicht und Betreuung einer bestimmten Person (Betreuungshelfer) zu unterstellen (meist für 6 – 12 Monate),
6. an einem Sozialen Trainingskurs teilzunehmen (gruppenpädagogische Maßnahme bis zu 3 Monaten Dauer),

7. sich zu bemühen, einen Ausgleich mit dem Verletzten zu erreichen (Täter-Opfer-Ausgleich),

8. den Verkehr mit bestimmten Personen oder den Besuch von Gast- und Vergnügungsstätten zu unterlassen oder

9. an einem Verkehrsseminar teilzunehmen (Verkehrsinformation, Sicherheittraining).

Weisungen erteilt das Gericht **aus Anlass der Tat** individuell auf Grund der Persönlichkeit des Jugendlichen[3], nicht jedoch zur Ahndung der Straftat selbst (vgl. § 10, I JGG).

Zuchtmittel (§§ 13-16 JGG) sind

1. die Verwarnung (§ 14 JGG),

2. Auflagen (§ 15 JGG), nämlich

    1. die Schadenswiedergutmachung,

    2. die persönliche Entschuldigung beim Verletzten,

    3. die Erbringung von Arbeitsleistungen,

    4. die Geldbuße (zugunsten einer gemeinnützigen Einrichtung),

3. Jugendarrest (§ 16 JGG): 1-2 Freizeitarreste, Kurzarrest und Dauerarrest von 1 bis 4 Wochen).

3.1. Jugendarrest neben Jugendstrafe (§ 16 a JGG)

(1) Wird die Verhängung oder die Vollstreckung der Jugendstrafe zur Bewährung ausgesetzt, so kann (...) daneben Jugendarrest verhängt werden, wenn

    1. dies unter Berücksichtigung der Belehrung über die Bedeutung der Aussetzung zur Bewährung und unter Berücksichtigung der Möglichkeit von Weisungen und Auflagen geboten ist, um dem Jugendlichen seine Verantwortlichkeit für das begangene Unrecht und die Folgen weiterer Straftaten zu verdeutlichen,

    2. dies geboten ist, um den Jugendlichen zunächst für eine begrenzte Zeit aus einem Lebensumfeld mit schädlichen Einflüssen herauszunehmen und durch die Behandlung im Vollzug des Jugendarrests auf die Bewährungszeit vorzubereiten, oder

    3. dies geboten ist, um im Vollzug des Jugendarrests eine nachdrücklichere erzieherische Einwirkung auf den Jugendlichen zu erreichen oder um dadurch besse-

---

[3] Der Heranwachsende, soweit auf ihn Jugendstrafrecht angewendet wird, ist stets mitgemeint.

re Erfolgsaussichten für eine erzieherische Einwirkung in der Bewährungszeit zu schaffen.

(2) Jugendarrest nach Absatz 1 Nummer 1 ist in der Regel nicht geboten, wenn der Jugendliche bereits früher Jugendarrest als Dauerarrest verbüßt oder sich nicht nur kurzfristig im Vollzug von Untersuchungshaft befunden hat.

4. Das Gericht verhängt **Jugendstrafe** (§ 17 JGG), beginnend ab 6 Monaten bis zu 10 Jahren wegen

- **schädlicher Neigungen** des Jugendlichen oder
- **der Schwere der Schuld.**

5. Liegen schädliche Neigungen noch nicht in einem Umfang vor, der die Verhängung der Jugendstrafe erforderlich macht, kann das Gericht von der Verhängung der Jugendstrafe gemäß § 27 JGG **(Schuldspruch)** absehen.

Das JGG hält ein weites Spektrum an Maßnahmen bereit, das individuell auf den einzelnen Täter angewendet wird. Um bei dieser Vielfalt der Staatsanwaltschaft und dem Gericht eine Entscheidungshilfe zu bieten und auch an der Umsetzung dieser Maßnahmen mitzuwirken, nimmt die **Jugendgerichtshilfe** als sozialpädagogische Instanz der Jugendhilfe am Verfahren teil.

1.2 JUGENDHILFE IM STRAFVERFAHREN: DIE JUGENDGERICHTSHILFE

Die wichtigsten gesetzlichen Grundlagen für die Jugendgerichtshilfe (JGH) bilden der § 38 JGG und der § 52 Kinder- und Jugendhilfegesetz (KJHG; SGB VIII): Mitwirkung im Verfahren nach dem Jugendgerichtsgesetz. Sie wird ausgeübt von den Jugendämtern im Zusammenwirken mit den freien Trägern der Jugendhilfe.

Der Jugendhilfe im Strafverfahren obliegt die Geltendmachung der erzieherischen, sozialen und fürsorgerischen Gesichtspunkte. Zu diesem Zweck unterstützen die Vertreter der Jugendgerichtshilfe die beteiligten Behörden durch Erforschung der Persönlichkeit, der Entwicklung und der Umwelt des Beschuldigten und äußern sich zu den Maßnahmen, die zu ergreifen sind.

> **Jugendgerichtshilfe ist eine sozialarbeiterische/-pädagogische Tätigkeit innerhalb der Strafrechtspflege.**
>
> **Sie versteht sich als Hilfe für den Jugendlichen und für das Gericht.**

Während die JGH bis zu Beginn der 1980er Jahre sehr darauf bedacht war, der Justiz alle für eine jugendgemäße Entscheidung erforderlichen Informationen zu beschaffen und damit der Schwerpunkt auf der Gerichtshilfe lag, hat sich das Selbstverständnis seitdem stark gewandelt.

So gilt ein Schwerpunkt der JGH-Tätigkeit den ambulanten Maßnahmen (vgl. § 10 JGG), die freiheitsentziehende Maßnahmen wie Jugendarrest und Jugendstrafe als „ultima ratio" zurückdrängen sollen. Die Ziele sind: Kriminalisierende, stigmatisierende und der Entwicklung zuwiderlaufende Auswirkungen des Strafverfahrens vermeiden.

Spätestens seit Inkrafttreten des Kinder- und Jugendhilfegesetzes (KJHG) zum 01.01.1991 bekennt sich die JGH immer stärker zu ihrem Auftrag, als Teil der Jugendhilfe durch die Bereitstellung geeigneter Maßnahmen die Entwicklung der ihr anvertrauten jungen Menschen zu fördern und Benachteiligungen abzuwenden.

Positiv formuliert lässt sich der Aufgabenkatalog so zusammenfassen:

Der JGH obliegt,

1. „dem Jugendlichen oder Heranwachsenden mögliche sozialpädagogische Angebote und Leistungen [auch unabhängig vom Strafverfahren] aufzuzeigen, diese ggf. zu vermitteln und durchzuführen,

2. ihm zur Vermeidung eines förmlichen justiziellen Verfahrens ambulante Leistungen und Hilfen, besonders einen Ausgleich mit dem Geschädigten anzubieten oder zu vermitteln und durchzuführen,

3. den Jugendlichen auf die Verhandlung vorzubereiten und über den Gang und die möglichen Folgen des Verfahrens aufzuklären und bei der Wiedereingliederung zu unterstützen;

4. vorläufige Entscheidungen besonders zum Zweck der Haftvermeidung bzw. -verschonung und der Einstellung eines Verfahrens anzuregen sowie Hilfen für junge Volljährige gemäß § 41 KJHG zu gewähren;

5. Eltern und Bezugspersonen im Bedarfsfall in die Erörterung möglicher Hilfen und Angebote einzubeziehen und diese Personen entsprechend zu beraten;

6. im Verfahren die Belange der Jugendhilfe [besonders die Absicht und die Zielsetzung des KJHG für den Jugendlichen] bei Staatsanwaltschaft und Gericht zu vertreten, indem sie insbesondere:

   - die persönlichen, familiären und sozialen Gegebenheiten des Jugendlichen oder Heranwachsenden unter besonderer Berücksichtigung der aktuellen Lebenssituation darstellt,

   - Staatsanwaltschaft und Gericht frühzeitig über die in Frage kommenden Leistungen der Jugendhilfe informiert,

   - sie über die zu treffenden Entscheidungen berät und bei Bedarf bestimmte Angebote der Jugendhilfe unterbreitet,

   - in Haftsachen beschleunigt Alternativen zur Untersuchungshaft prüft und darüber informiert,

   - erzieherische Einwirkungsmöglichkeiten gemäß KJHG und JGG, soweit nicht eine andere Person damit betraut ist, initiiert, überwacht und ggf. durchführt.

Jugendgerichtshelferinnen und Jugendgerichtshelfer haben demnach die Funktion eines „beratenden Beistandes für den Jugendlichen und seine Familie vor, während und nach dem Strafverfahren sowie (daraus ableitend) die eines Jugendhilfesachverständigen in Strafverfahren."[4]

Insbesondere wird darauf geachtet, möglichst zeitnah zur Tat und deliktbezogen geeignete Maßnahmen bzw. Hilfen anzubieten. Daher gilt ein besonderer Schwerpunkt der **Diversion**, d.h. der Vermeidung eines förmlichen Strafverfahrens durch gezielte Angebote im staatsan-

---

[4] Deutsche Vereinigung für Jugendgerichte und Jugendgerichtshilfen (Hrsg.) (1994): Jugendhilfe im Jugendstrafverfahren, Standort und Wandel; Leitfaden für die Arbeit der Jugendgerichtshilfe. Hannover, S. 18 f.

waltlichen Ermittlungsverfahren mit dem Ziel der Verfahrenseinstellung gemäß § 45 JGG.

In der Praxis geschieht dies durch

a) schriftliche Ermahnung des Beschuldigten durch die Staatsanwaltschaft (§ 45, I JGG);

b) Übersendung der Ermittlungsakte an die JGH mit der Verfügung, dem Jugendlichen als Einstellungsvoraussetzung eine erzieherische Maßnahme anzubieten (§ 45 II JGG);

c) Diversionstag (Projekt „gelbe Karte"): in der Regel nach § 45, II JGG; im Einzelfall nach § 45, I JGG; an bestimmten durch die Verfahrensbeteiligten jährlich im Voraus festgelegten Terminen befinden sich Polizei, Jugendstaatsanwaltschaft und Jugendgerichtshilfe in einem Gebäude (z.B. im Polizeipräsidium). Nach der Vernehmung bei der Polizei wechselt der geständige Jugendliche zur Jugendgerichtshilfe in einen separaten Raum. Die JGH spricht mit ihm, überlegt einen Vorschlag – meist die Einstellung des Verfahrens mit einer deliktbezogenen Weisung oder Einstellung ohne Auflage. Dann geht es gemeinsam zur Staatsanwaltschaft, die abschließend entscheidet.

d) Übersendung der Ermittlungsakte an den Jugendrichter mit der Anregung, das Verfahren nach Ermahnung einzustellen, wobei dem Jugendrichter überlassen ist, ob er als Voraussetzung eine erzieherische Maßnahme für erforderlich hält (§ 45 III JGG).

Eine nicht minder wichtige, aber auf Grund personellen und zeitlichen Mangelzustandes vernachlässigte Aufgabe sind die **Kriminalprävention** und **Vernetzung**. Um diesen Auftrag erfüllen zu können, wäre es unerlässlich, dass die öffentliche Jugendhilfe mit den freien Trägern der Jugendhilfe, den Schulen, der Polizei und der Jugendsozialarbeit kooperiert. Dazu gehört auch die Feststellung des Handlungsbedarfs im Rahmen von Jugendhilfeplanung (§ 80 KJHG).

All das zusammen bedeutet **Netzwerkarbeit** und ist mehr als die alleinige Ausrichtung an die Bedarfe der Justiz.

1.3 DIE STELLUNG DER JGH IM JUGENDSTRAFVERFAHREN

Die Jugendgerichtshilfe (JGH) ist im gesamten Verfahren so früh wie möglich heranzuziehen (38, III JGG).

Der Vertreter der JGH hat als Verfahrensbeteiligter ein Recht auf Anwesenheit in der Hauptverhandlung. Ort und Termin sind ihm mitzuteilen (§ 50, III JGG).

Ihm ist in der Verhandlung auf Verlangen das Wort zu erteilen (§ 50, III JGG). Ein Recht zur selbstständigen und unmittelbaren Befragung des Angeklagten oder der Zeugen steht ihm nicht zu.

Vor der Erteilung von Weisungen ist die JGH stets zu hören (§ 38, III, Satz 4 JGG).

Dem Vertreter der JGH ist eine schriftliche und mündliche Kontaktaufnahme mit dem jugendlichen Untersuchungsgefangenen wie einem Verteidiger erlaubt (§ 93, III JGG).

Ein Verstoß gegen die Mitwirkungsrechte der Jugendgerichtshilfe kann eine Rechtsverletzung darstellen, die eine Revision begründet, insbesondere wenn der Jugendgerichtshilfe Ort und Zeit der Hauptverhandlung nicht mitgeteilt werden (§ 50, 3 JGG; § 338, Ziffer 5 StPO).

Vor dem Hintergrund dieser Mitwirkungsrechte soll die JGH den Standpunkt der **Jugendhilfe im Strafverfahren** im Interesse der ihr anvertrauten Jugendlichen qualifiziert und engagiert vertreten.

1.4 JUGENDSTRAFRECHT IST TÄTERSTRAFRECHT (SPEZIALPRÄVENTION)

Im Mittelpunkt des Jugendstrafverfahrens steht der Jugendliche. Die Durchführung erfolgt nach spezialpräventiven Gesichtspunkten. Dies bedeutet, dass die zu treffenden Entscheidungen sich ausschließlich an den individuellen Erfordernissen des Beschuldigten orientieren sollen.

> **Abschreckung der Allgemeinheit (Generalprävention) findet nicht statt.**

Diese Täterorientierung, die nach erzieherischen Leitmotiven die Integration und (Re-) Sozialisierung der jungen Beschuldigten beabsichtigt, geschieht durch Bereitstellung geeigneter Hilfen, aber **auch** durch Maßnahmen, die der **Schuld und Sühne** dienen. Dies heben Diemer/Schatz/Sonnen in ihrem Kommentar zum Zuchtmittel (§ 13 JGG) hervor:

24

„Neben dem erzieherischen Ziel, das allen Rechtsfolgen des JGG eigen ist (...), verfolgen die Zuchtmittel danach auch die Sanktionszwecke der Sühne und Vergeltung (...). Der erzieherische Wert der Zuchtmittel liegt nach der Vorstellung des Gesetzgebers darin, durch ausdrücklich repressive Maßnahmen (...) bei dem Jugendlichen die Einsicht zu wecken, dass er strafbares Unrecht begangen hat, wofür er einzustehen hat. Wegen ihres sühnenden und vergeltenden Charakters werden die Zuchtmittel nicht nur aus Anlass der Tat angeordnet, sondern knüpfen unmittelbar an die Straftat an. Art und Umfang der Zuchtmittel bestimmen sich daher entscheidend auch nach dem Unrechtsgehalt der Tat, soweit sich dieser nach der charakterlichen Haltung und Persönlichkeitsentwicklung des Täters in vorwerfbarer Schuld niedergeschlagen hat (...)."[5]

Selbst wenn das Jugendstrafrecht die Täterpersönlichkeit in den Mittelpunkt stellt: Die praktische Umsetzung erfolgt stets im Spannungsfeld zwischen Erziehung und Strafe.

Die Diskussionen um Erziehung und Strafe, Erziehung durch Strafe oder Erziehung statt Strafe zeigen in aller Deutlichkeit auf, dass es um die Täterbelange geht.

Der Täter ist Adressat aller Bemühungen um eine gerechte Entscheidung. Treffender als durch den Begriff „Jugend-(straf-)recht" ließe es sich kaum ausdrücken. Auch die Ansiedlung der Jugendgerichtshilfe bei der Jugend- und Straffälligenhilfe belegt dies.

Demgegenüber wurde in den vergangenen Jahren immer wieder Kritik daran geübt, dass sich das täterorientierte Strafverfahren zu wenig um die Belange der Tatopfer kümmert. Dies ist aus heutiger Sicht sehr verwunderlich: Zu den meisten Straftaten gehören immer mindestens zwei Personen: Täter und Opfer.

Es ist an der Zeit, dem Opfer die ihm zustehende Beachtung zu gewähren.

---

[5] Diemer, H., Schatz, H., Sonnen, B.-R. (2015): Jugendgerichtsgesetz. Kommentar. 7. Auflage. Heidelberg, zu § 13.

KAPITEL II

DAS OPFER IM STRAFVERFAHREN

Konflikte werden zum Delikt, wenn sie angezeigt und dadurch öffentlich gemacht werden. Mit der Strafanzeige werden die staatlichen Behörden Polizei und Justiz zur Bearbeitung des Konfliktes veranlasst. Aus Konfliktbeteiligten werden Täter und Opfer bzw. Beschuldigte und Geschädigte. Damit gerät die Rolle des Opfers in den Blickpunkt.

Die §§ 374 bis 406 i StPO regeln die rechtliche Beteiligung von Verletzten im Strafverfahren. Da wir uns in diesem Handbuch vorrangig mit der praktischen Umsetzung des Täter-Opfer-Ausgleichs befassen, werden wir sie nicht näher behandeln. Wir empfehlen allen Praktikern, sie sich anzulesen. Sie zu kennen, kann in bestimmten Stadien des Strafverfahrens hilfreich sein. Wir greifen den § 406 i StPO heraus, der folgende Befugnisse beschreibt:

(1) Verletzte sind möglichst frühzeitig, regelmäßig schriftlich und soweit möglich in einer für sie verständlichen Sprache über ihre aus den §§ 406d bis 406h StPO folgenden Befugnisse im Strafverfahren zu unterrichten und insbesondere auch auf Folgendes hinzuweisen:

1. sie können nach Maßgabe des § 158 StPO eine Straftat zur Anzeige bringen oder einen Strafantrag stellen;

2. sie können sich unter den Voraussetzungen der §§ 395 und 396 StPO oder des § 80 Absatz 3 des Jugendgerichtsgesetzes der erhobenen öffentlichen Klage mit der Nebenklage anschließen und dabei

    a) nach § 397a StPO beantragen, dass ihnen ein anwaltlicher Beistand bestellt oder für dessen Hinzuziehung Prozesskostenhilfe bewilligt wird,

    b) nach Maßgabe des § 397 Absatz 3 StPO und der §§ 185 und 187 des Gerichtsverfassungsgesetzes (GVG) einen Anspruch auf Dolmetschen und Übersetzung im Strafverfahren geltend machen;

3. sie können einen aus der Straftat erwachsenen vermögensrechtlichen Anspruch nach Maßgabe der §§ 403 bis 406c und des § 81 des Jugendgerichtsgesetzes im Strafverfahren geltend machen;

4. sie können, soweit sie als Zeugen von der Staatsanwaltschaft oder dem Gericht vernommen werden, einen Anspruch auf Entschädigung nach Maßgabe des Justizvergütungs- und -entschädigungsgesetzes geltend machen;

5. sie können nach Maßgabe des § 155a StPO eine Wiedergutmachung im Wege eines Täter-Opfer-Ausgleichs erreichen.

2. OPFERORIENTIERUNG CONTRA TÄTERORIENTIERUNG

Im Allgemeinen Strafrecht glaubte man schon vor fünfzig Jahren das Ziel eines modernen Sanktionssystems in Deutschland erreicht zu haben.

Durch das Erste und Zweite Gesetz zur Reform des Strafrechts wurden ab 1969 die Einheitsfreiheitsstrafe und das Tagessatzsystem bei der Geldstrafe eingeführt, der Vorrang der Geldstrafe vor der Freiheitsstrafe gesetzlich festgelegt, das Bewährungs- und Maßregelsystem neu gestaltet sowie die Verwarnung mit Strafvorbehalt eingeführt. Abgerundet wurde das Reformprogramm durch die Schaffung der Möglichkeit, Bagatellverstöße ohne Verurteilung zu sanktionieren (§ 153 a StPO).

Auch im Jugendstrafrecht wurden neue Wege beschritten. Waren noch bis in die 80er Jahre des 20. Jahrhunderts die Arbeitsweisung, die Geldbuße und der Jugendarrest die gebräuchlichsten Sanktionen, dehnte die Jugendhilfe durch die „neuen ambulanten Maßnahmen", nämlich die Betreuungsweisung, den sozialen Trainingskurs und den Täter-Opfer-Ausgleich, ihre Angebotspalette aus. Alle zusammen gelten nach wie vor als erzieherische Maßnahmen der Jugendhilfe. Sie werden von freien wie öffentlichen Trägern finanziert und durchgeführt. Über den am Täter orientierten Resozialisierungsgedanken hinaus wird nach grundsätzlich neuen Wegen zur Bewältigung des Tatgeschehens gesucht.

Das Interesse an Formen **einer konstruktiven Reaktion auf Straftaten** wächst. „Da das Deliktopfer mit seinen besonderen Interessen und Wünschen wieder verstärkt ins Blickfeld geraten ist, steht die Wiedergutmachung des durch die Straftat angerichteten Schadens als „positive" Antwort auf ein deliktisches Geschehen im Mittelpunkt des Interesses."[6]

Durch eine Tat wird nicht nur ein abstraktes Rechtsgut, sondern konkret ein Mensch körperlich, seelisch, materiell und sozial geschädigt.

---

[6] Arbeitskreis deutscher, schweizerischer und österreichischer Strafrechtslehrer (1992): Alternativ-Entwurf Wiedergutmachung (AE-WGM). München, S. 10.

2.1 OPFERBEZOGENE DELIKTE

Jeder Mensch kann durch eine strafbare Handlung verletzt, geschädigt oder in seinen Rechten beeinträchtigt werden. Täglich gibt es Ereignisse, die strafrechtlich relevant sein können. Erst durch die Strafanzeige bei der Polizei wird ein Konflikt öffentlich bekannt und dadurch zur Straftat.

Das Strafgesetzbuch (StGB) und andere spezielle Strafgesetze definieren bestimmte Handlungen (auch Unterlassungen) als Straftatbestand. Aus Gründen der Übersichtlichkeit erscheint eine Zuordnung der Kriminalitätsopfer nach Delikten sinnvoll. Soweit es **persönliche Opfer** betrifft, hat **Tampe** folgende Einteilung nach Gewalt-, Eigentums-, Vermögens- und sonstigen Delikten vorgenommen:[7]

2.1.1 GEWALTDELIKTE

allgemeine Gewaltdelikte	§ 223 StGB Körperverletzung (KV)
	§ 224 StGB gefährliche KV
	§ 226 StGB schwere KV
	§ 229 StGB fahrlässige KV

sexuelle Gewaltdelikte	§ 174 StGB Missbrauch von Schutzbefohlenen
	§ 176 StGB Missbrauch von Kindern
	§ 177 StGB Vergewaltigung; sexuelle Nötigung

Raubdelikte	§ 249 StGB Raub
	§ 250 StGB schwerer Raub
	§ 252 StGB räuberischer Diebstahl
	§ 255 StGB räuberische Erpressung

---

[7] Tampe, E. (1992): Verbrechensopfer. Stuttgart, S. 31.

2.1.2 EIGENTUMS- UND VERMÖGENSDELIKTE

Eigentum	§	242 StGB Diebstahl
	§	248 a StGB Diebstahl geringwertiger Sachen
	§	303 StGB Sachbeschädigung
	§	246 StGB Unterschlagung
Vermögen	§	263 StGB Betrug

2.1.3 SONSTIGE DELIKTE

Sittlichkeitsdelikte	§	183 StGB exhibitionistische Handlung
Freiheitsberaubung	§	185 StGB Beleidigung
Ehrverletzung	§	186 StGB üble Nachrede
	§	238 StGB Nachstellung (Stalking)
	§	239 StGB Freiheitsberaubung
	§	241 StGB Bedrohung
	§	253 StGB Erpressung

2.2 DER OPFERBEGRIFF

Die Verwendung des Opferbegriffes ist nicht immer eindeutig. So wird mit der Bezeichnung „Opfer" meist Unschuld, Schwäche, Hilfsigkeit oder Passivität gleichgesetzt. Vielfach werden die Begriffe „Geschädigte" oder „Verletzte" verwendet. Je nach individuellem Erleben der Betroffenen können alle Begriffe zutreffend sein.

In der Regel wird die Zuordnung „Verletzter" bei einer Körperverletzung unstrittig sein. Bei einer Vergewaltigung mit enormen psychischen Folgeschäden trifft „Opfer" das subjektive Erleben eher. Darüber hinaus gibt die Rollenverteilung in „Täter" und „Opfer" den tatsächlichen Konfliktverlauf in vielen Fällen nicht wieder. Dies gilt besonders für wechselseitige Aktionen wie z.B. gegenseitige Beleidigungen, Schlägereien, bei denen aufgrund einer Eskalation, Überreaktion oder durch die Art der Verletzungen einer der Kontrahenten den alleinigen oder größeren Schaden erleidet. Durch ihre Strafanzeige wird diese Person Geschädigte und Zeugin, während der Schädiger „automatisch" zum Täter wird.

Die Rollenzuschreibungen „Täter" und „Opfer" sind Definitionen aus dem Strafrecht. Sie werden hier verwendet, um deutlich zu machen, dass wir wegkommen wollen von diesen Polarisierungen zu einem Ausgleich, in dem sich die Betroffen idealtypisch nicht mehr als Opfer und Täter gegenüber stehen.

Im Sprachgebrauch von Jugendlichen, insbesondere in sozialen Netzwerken, wird „Du Opfer!" als Schimpfwort bzw. Beleidigung verwendet und bekommt daher eine diffamierende Bedeutung.

2.2.1 OPFERSCHÄDEN

Durch die Tat und auch durch Reaktionen danach ergeben sich für die Geschädigten oft erhebliche Beeinträchtigungen. Sie lassen sich in ihren Erscheinungsformen und Ausprägungen meist nicht konkret einstufen, so unterschiedlich sind die individuellen Auswirkungen.

2.2.2 DURCH DIE TAT ENTSTANDENE SCHÄDEN

Körperschäden	äußerlich erkennbare (Bruch, Prellung) innere Verletzungen Schock, Nervenzusammenbruch Kreislaufstörungen

Psychische Schäden	Angst, erhöhte Kriminalitätsfurcht Unruhe, Konzentrationsstörungen Schreckhaftigkeit, Nervosität Persönlichkeitsveränderung - in Teilbereichen (z.B. Apathie)

Soziale Schäden	Kontaktschwierigkeiten Partnerschafts- u. Familienprobleme Isolation, Vereinsamung gesteigertes Misstrauen Vermeidungsverhalten (Orte, Uhrzeiten) Alkohol- und Drogengebrauch/-missbrauch Aggressivität, erhöhte Gewaltbereitschaft

Materielle Schäden	Verlust von Geld, Gegenständen
	Verlust durch Versicherungsmängel
	Eigenanteile für die Heilbehandlung
	(z.B. Zahnersatz, Psychotherapie)
	Einkommensverluste durch Erwerbs- oder
	Berufsunfähigkeit

2.2.3 OPFERSCHÄDEN, DIE DURCH DAS SOZIALE UMFELD ENTSTEHEN

Kind – Eltern	Bagatellisierung
	Übertragung der Ängste (z.B. Eltern zu Kind)
	Einschränkung der Freiheit
	Misstrauen
	Überbehütung
	Herausnahme (Heim)
Vorwürfe	Mitschuld, keine Gegenwehr gezeigt
	Leichtsinn
	Naivität
Unterstellungen	Tatbegünstigung, Einverständnis
	Hilflosigkeit
	Passivität
Institutionen	Peinliche Befragungen
	Unglaube (Verdacht der Falschanzeige)
	Missbrauch für Projektziele
	Unvermögen (z.B. bei Erinnerungslücken)

Die genannten Opferschäden durch das soziale Umfeld können sich auch überschneiden. So können auch Eltern oder Institutionen mit Vorwürfen oder Unterstellungen den Kindern gegenüber reagieren.

Das Erleben eines Ereignisses wie z.B. Beleidigung, Bedrohung, Diebstahl/Einbruch, Körperverletzung, Nötigung oder Raub ist für das Opfer eine einschneidende Erfahrung.

Je nach Tragweite des Geschehenen und eigenen Verarbeitungsstrategien sind sehr unterschiedliche Interpretationen und Bewertungen die Folge. So stellen Verärgerung, Empörung, Ohnmacht, Angst, Hadern mit dem Schicksal („warum gerade ich?"), Selbstzweifel und

Selbstvorwürfe wegen Verkennung der Situation und Gefühle der Peinlichkeit empfindliche Reaktionen dar. Materielle und körperliche Opferschäden spielen für die Opfer selbst schon unmittelbar nach der Tat eine weitaus geringere Rolle, als viele professionelle Opferhelfer bisher angenommen haben.

> **„Die psychischen Verletzungen stehen für die Opfer selbst**
>
> **offenbar im Vordergrund, und zwar bei allen Deliktsgruppen."[8]**

Mit der Strafanzeige bei der Polizei machen Geschädigte das durch die Tat erlittene Unrecht öffentlich bekannt. Angesichts der persönlichen, insbesondere psychischen Folgen möchten wir auf die Frage eingehen, was durch die Anzeige bei der Polizei erreicht werden soll.

2.3   DAS ANZEIGEVERHALTEN DER GESCHÄDIGTEN

„Neben jenen Zeugen, die nicht selbst Geschädigte sind, ist das Kriminalitätsopfer selbst, als unmittelbar Betroffener einer Straftat, wichtigster Hinweisgeber für die Polizei. Über 90 % der Strafanzeigen werden vom Opfer erstattet."[9]

Mit der Strafanzeige soll meist folgendes erreicht werden:

- Das entwendete Gut soll wiederbeschafft werden,
- 3/4 der Opfer von Eigentumsdelikten benötigen einen Nachweis für ihre Versicherung,
- 1/3 der Gewaltopfer wünscht die Bestrafung des Beschuldigten,
- 1/4 der Gewaltopfer möchte, dass der Täter eine solche Tat nicht mehr begeht,
- 1/3 der Kriminalitätsopfer bzw. die 1/2 der Gewaltopfer erwartet Hilfe.

> **Geschädigte wollen als Opfer anerkannt werden**
>
> **und erwarten die Bestätigung, dass ihnen Unrecht geschehen ist.**

---

[8] Tampe, E. (1992): Verbrechensopfer. Stuttgart, S. 41.

[9] Landeskriminalamt Nordrhein-Westfalen (2006): Das Anzeigeverhalten von Kriminalitätsopfern. Kriminalistisch-Kriminologische Forschungsstelle Analysen Nr. 2/2006. Düsseldorf, S. 1.

Das Bedürfnis auf Bestrafung des Beschuldigten ist daher auch in diesem Sinne zu verstehen: Wird der Täter bestraft, wird nach außen deutlich, dass er dem Opfer Unrecht getan hat und es fühlt sich in seiner Empfindung respektiert. Die Bandbreite der individuellen Erfahrung reicht von der „Irritation", dem bloßen „Ärgernis" bis zur echten „Lebenskatastrophe."[10]

„Nur bei etwa 2 % der Kriminalitätsopfer stehen nicht persönliche Interessen, sondern tiefere Gründe wie Gerechtigkeitssinn im Vordergrund für eine Strafanzeige."[11]

So sind es zu rund 98 % besonders persönliche Gründe, die zur Anzeigenerstattung führen!

**Es geht um die Wiederherstellung
der persönlichen Integrität und Selbstsicherheit.**

Daraus ergibt sich die Frage, inwieweit das von ihnen selbst initiierte Strafverfahren Raum für die Durchsetzung persönlicher, z.B. zivilrechtlicher Ansprüche gewährt.

2.4   ÜBERSICHT: KONFLIKTE ALS TAT-SACHEN

➢ Der Konflikt wird angezeigt und damit öffentlich gemacht
➢ Die angezeigte Tat ist mit Strafe bedroht (z.B. nach dem Strafgesetzbuch/StGB)
➢ Die Tat ist tatbestandsmäßig, rechtswidrig und schuldhaft
➢ Die Polizei ist ein Hilfsorgan der Staatsanwaltschaft
   Sie ermittelt strafrechtlich, nicht zivilrechtlich
➢ Das Strafverfahren dient der Verteidigung der Rechtsordnung, nicht den individuellen Opferinteressen (hoheitlich, im Rahmen des öffentlichen Rechts)
➢ Im Mittelpunkt steht der Täter, nicht das Opfer
➢ Das Opfer ist lediglich „Träger des verletzten Rechtsgutes"
➢ Die Strafe soll den Täter von weiteren Rechtsverstößen abhalten (Spezialprävention)
➢ Die Strafe soll die Allgemeinheit von der Nachahmung der Tat abhalten (Generalprävention)

---

[10] Hanak, G., Stehr, J., Steinert, H. (1989): Ärgernisse und Lebenskatastrophen. Über den alltäglichen Umgang mit Kriminalität. Bielefeld, S.6 f.
[11] Tampe, E. (1992): Verbrechensopfer. Stuttgart, S. 94.

- Das Opfer hat als Zeuge die Funktion des Beweismittels
- Ziel des Strafrechts ist nicht die psychische Re-Stabilisierung des Opfers, sondern die Wahrung der Rechtsordnung (Strafanspruch des Staates)
- Auch wenn das Opfer ein Interesse an der Strafverfolgung hat, hat es keinen Einfluss auf das Ergebnis (begrenzt: Nebenklage)
- Durch die Nebenklage wertet der Staat das Opfer in seiner juristischen Position auf, vernachlässigt aber dessen psychischen und wirtschaftlichen Folgen
- Das Strafverfahren stellt den sozialen und rechtlichen Frieden zwischen Täter und Opfer nicht wieder her.

Wir befassen uns nachfolgend mit der Frage, wie ein Verfahren aussehen muss, dass sowohl den Täter- als auch den Opferbelangen gerecht wird und im günstigsten Fall den rechtlichen und sozialen Frieden wieder herstellt.

2.5   KONFLIKTORIENTIERUNG STATT TATORIENTIERUNG

Eine Auseinandersetzung zwischen zwei Personen wird zur Straftat, wenn sie tatbestandsmäßig, rechtswidrig und schuldhaft ist <u>und</u> durch eine Anzeige gegen den Verursacher auch öffentlich bekannt gemacht wird. Aus dem „Konflikt" der Kontrahenten wird ein „Delikt". Der Sachverhalt wird auf das einem der Beteiligten zugeschriebene Fehlverhalten reduziert.

Konstruktive Tataufarbeitung wird ermöglicht, wenn das Delikt wieder als Konflikt zwischen den unmittelbar Beteiligten gesehen wird, bei dem Staat und Gesellschaft nur indirekt betroffen sind. Die subjektiven Sichtweisen der Betroffenen kommen voll zur Geltung.

Die Entstehung und der Verlauf des Konfliktes sind ein dynamischer Prozess, der sich mit all seinen Facetten in einer einseitigen, täterbezogenen Schuldzuweisung nicht genügend erfassen lässt.

Wird das Delikt wieder zum Konflikt umformuliert, so bietet sich folgende Definition von **Hanak, Stehr und Steinert** an:[12]

---

[12] Hanak, G., Stehr, J., Steinert, H. (1989): Ärgernisse und Lebenskatastrophen; Über den alltäglichen Umgang mit Kriminalität. Bielefeld, S. 22.

„Ein Problem wird zum Konflikt, wenn zwei Voraussetzungen gegeben sind:

☞ zum einen muss es gelingen, einen Konfliktpartner zu finden, dem man das Problem in halbwegs plausibler Weise anlasten kann;

☞ zum anderen muss dieser Vorwurf dem Konfliktpartner gegenüber in irgendeiner Form artikuliert werden."

Entfällt eine dieser Voraussetzungen, bleibt der Konflikt latent.

Mit einer Strafanzeige sind diese Kriterien in der Regel erfüllt. Nach Abschluss der Ermittlungen ist es die Staatsanwaltschaft, die den Tatvorwurf als hinreichenden Tatverdacht dem Beschuldigten gegenüber artikuliert.

Die Rückbesinnung vom Delikt zum Konflikt und damit zum Gedanken des Täter-Opfer-Ausgleichs gelingt mit der Definition des englischen Wissenschaftlers **Edward de Bono:** Ein Konflikt ist (auch) „ein Zusammenprall von Interessen, Werten und Aktionen."[13]

De Bono spricht sich dafür aus, vom Begriff „Angreifer – Opfer" wegzukommen, um den echten Zusammenprall der Interessen zu erkennen. Gewährt man den Beteiligten anlässlich eines Strafverfahrens die Gelegenheit, ihre privaten Interessen zu formulieren und darüber gemeinsam und autonom zu verhandeln, ist dies die Chance zu einem echten Ausgleich.

Das Strafrecht setzt den Rahmen, überlässt jedoch seine Ausgestaltung durch Tataufarbeitung, -bewertung und -bewältigung den Betroffenen.

Das Strafrecht gibt den Beteiligten sozusagen den Konflikt zurück und hält sich für den Fall des Scheiterns mit all seinen sanktionsrechtlichen Möglichkeiten abwartend im Hintergrund.

---

[13] De Bono, E. (1989): Konflikte – Neue Lösungsmodelle und Strategien. Düsseldorf, S. 14.

Das Strafrecht stellt den Beschuldigten in den Mittelpunkt des Interesses. Parallel dazu dient das Zivilrecht dem Opfer vor allem zur Geltendmachung seiner materiellen Ansprüche.

Geht es um persönliche Interessen,
werden Geschädigte auf das Zivilrecht verwiesen.

In der Hauptverhandlung im Rahmen des Strafverfahrens werden Geschädigte häufig zum Beweismittel degradiert. Die objektive Wahrheitsfindung steht im Vordergrund. Gewünscht werden Fakten. So legitim und gerecht gegenüber Angeklagten dies ist: Für subjektive Bewertungen, Interpretationen und Darstellungen des individuellen Erlebens der Auswirkungen der Tat bleibt wenig Raum.

Häufig kommt hinzu, dass Geschädigte eine lange Zeit vor dem Gerichtssaal warten müssen, ehe sie gehört werden. Werden sie bei einem Geständnis des Beschuldigten oder vorzeitig geklärtem Sachverhalt nicht mehr gebraucht, werden sie nach Hause geschickt. Dies wirkt sich in den meisten Fällen zusätzlich demotivierend aus.

Subjektiv erlebt der Beschuldigte das Strafrecht als gegen sich gerichtet, das Opfer wiederum nicht als Verfahren zur Durchsetzung seiner Interessen.

Erlebt wird das Strafrecht als Verfahren contra Täter
und dennoch nicht pro Opfer!

Das Zivilrecht bietet demgegenüber prinzipiell den Spielraum, die aus der Tat und deren Folgen entstandenen Ansprüche geltend zu machen.

Doch de facto sind auch hier deutliche Mängel nicht zu übersehen. Der Geschädigte als Anspruchsteller trägt die Beweislast. Er kennt sich weder im Mahn-, Privatklage- noch im Zivilverfahren aus. Um seine (berechtigten) Interessen auch rechtlich durchzusetzen, muss er beispielsweise einen Rechtsanwalt beauftragen und zunächst das Kostenrisiko tragen.

> **Das grundsätzliche Problem besteht darin, dass aus Anlass <u>einer</u> Tat <u>zwei</u> voneinander getrennte Verfahren durchgeführt werden.**

Es bestehen folgende Möglichkeiten einer auf das Opfer bezogenen Strafrechtspflege:

1. Schadenswiedergutmachung,
2. Adhäsionsverfahren,
3. Privatklage
4. Nebenklage.

2.6.1 SCHADENSWIEDERGUTMACHUNG

Das Jugendgericht kann dem Jugendlichen gemäß § 15 JGG auferlegen,

a) nach Ziffer 1 nach Kräften den durch die Tat verursachten Schaden wieder gut zu machen.

Die materielle Wiedergutmachung spielte bis zur Hereinnahme des TOA in das JGG in der Praxis des Strafrechts keine bedeutende Rolle. Ihr Anteil betrug kaum 2 %.[14]

Schadenswiedergutmachung setzt den berechtigten zivilrechtlichen Anspruch voraus. Doch wird in der Regel im Strafverfahren nicht in vollem Umfang geklärt, welcher Schaden konkret entstanden, wie hoch er ist und wer z.B. der rechtmäßige Eigentümer der beschädigten oder entwendeten Sache ist. Die Auflage lässt den Zivilrechtsweg offen.

Die Zweispurigkeit von Straf- und Zivilrecht bewirkt jedoch Schwierigkeiten hinsichtlich der zivilrechtlichen Wirkung bzw. Anerkennung als vollständige oder teilweise Wiedergutmachung.

Auch die Durchsetzbarkeit der Auflage durch das Zwangsmittel des Ungehorsamsarrestes bis zu 4 Wochen (vgl. § 11 JGG) ist problematisch. Dies gilt ganz besonders bei zivilrechtlich strittigen Ansprüchen. Im Zuge des Täter-Opfer-Ausgleichs hat die Wiedergutmachung an Bedeutung gewonnen. Sie beschränkt sich meist auf den Ersatz des vermögensrechtlichen Schadens. Das Gericht prüft nur unzureichend den tatsächlichen Anspruch, so dass in vielen

---

[14] Schreckling, J. (1990): Täter-Opfer-Ausgleich nach Jugendstraftaten in Köln. In: Bundesministerium für Justiz (Hrsg.). Reihe Recht. Bonn, S. 3.

Fällen die angeordnete Wiedergutmachung nur eine anrechenbare Leistung für weitere zivilrechtliche Forderungen darstellt.

b) nach Ziffer 2 sich persönlich beim Verletzten zu entschuldigen.

Die Auflage, sich beim Verletzten zu entschuldigen, ist besonders durch Urteil bzw. auch während der Hauptverhandlung zweifelhaft, da der Jugendliche unter besonderem psychischen Druck steht. Zudem ist zu befürchten, dass eine Entschuldigung allein wegen der Aussicht auf einen günstigeren Verfahrensausgang nicht echt gemeint ist. Gestaltet das Gericht die Hauptverhandlung allerdings so, dass die Interessen sowohl des Beschuldigten als auch des Geschädigten breiten Raum erhalten und integriert werden, kann auch hier ein echter Ausgleich erzielt werden.

2.6.2 DAS ADHÄSIONSVERFAHREN

Es regelt nach den §§ 403 bis 406 c StPO die Entschädigung des Verletzten. Auf Antrag kann dieser vermögensrechtliche Ansprüche im Strafverfahren geltend machen. Das Zivilverfahren wird quasi an das Strafverfahren angeheftet (Adhäsion = Anhaftung).

Das Adhäsionsverfahren ist gemäß § 81 JGG gegen Jugendliche nicht zulässig. Seit Inkrafttreten des 2. Gesetzes zur Modernisierung der Justiz (2. JuMoG) zum 31. Dezember 2006 ist das Adhäsionsverfahren gegen Heranwachsende in jedem Fall zulässig, auch bei Anwendung des Jugendstrafrechts. Den meisten Geschädigten ist diese Möglichkeit nicht bekannt.

Faktisch führt das Adhäsionsverfahren
im Jugendstrafrecht ein Schattendasein.

Auch im Allgemeinen Strafrecht ist das Adhäsionsverfahren die „extreme Ausnahme."[15] Mit den Instrumenten TOA und Schadenswiedergutmachung „dürften so gut wie alle Fälle, in

---

[15] Höynck, T. (2007); Zu den Ausweitungen der Opferrechte im JGG durch das 2. JuMoG. In: Zeitschrift für Jugendkriminalrecht und Jugendhilfe (ZJJ) 1/07. Hannover, S. 77.

denen ein Adhäsionsantrag in Frage kommt, für alle Beteiligten besser zu erledigen sein."[16]
Aus Sicht des Opfers ist wichtig, dass es seine Ansprüche durchsetzen kann. Dazu bietet das
Jugendstrafrecht viele sinnvolle Möglichkeiten. Wir mahnen zur Vorsicht, wenn durch das
Adhäsionsverfahren ein vom Strafverfahren abgekoppelter Vergleich geschlossen wird.
Zwar erlangt das Opfer einen über 30 Jahre gültigen und vollstreckbaren Titel. Er wird ihm
nichts nützen und ihm im ungünstigen Fall weitere Kosten bescheren, auf denen es sitzen
bleibt, wenn der Täter zahlungsunwillig oder zahlungsunfähig ist.

2.6.3 DIE PRIVATKLAGE

Die Privatklage ist nach § 80, I JGG gegen Jugendliche unzulässig.

Bei Heranwachsenden wird davon ebenfalls kaum Gebrauch gemacht. Im Diversionsverfahren werden die Heranwachsenden genauso behandelt wie die Jugendlichen.

Durch eine folgenlose Einstellung des Verfahrens gemäß § 45, I JGG werden sie nicht zur
persönlichen Verantwortung gezogen. Allerdings erfolgt ein Eintrag in das Bundeszentralregister. Die Verweisung auf den Privatklageweg indes würde zwar einen Sühneversuch bei
einem Schiedsmann oder einer Schiedsfrau bedeuten, doch wäre dies ein Verfahrenshinder-
nis nach § 170 II StPO, so dass eine weitere Verfolgung nicht stattfindet und auch eine Re-
gistrierung unterbleibt.

Die Privatklage wäre bei Heranwachsenden zur Vermeidung von Kriminalisierung und Stigmatisierung sinnvoll. In der alltäglichen Praxis wird von ihr kein Gebrauch gemacht.

2.6.4 DIE NEBENKLAGE

War die Nebenklage gegen Jugendliche bisher grundsätzlich nicht zulässig, wurden die Bestimmungen nach § 80, III JGG mit Wirkung zum 31.12.2006 dahingehend geändert, dass sie
gegen Jugendliche bei Verbrechenstatbeständen gegen das Leben, die körperliche Unversehrtheit oder die sexuelle Selbstbestimmung u. a. nunmehr möglich ist.

---

[16] Schreckling, J. (1992): Bestandsaufnahmen zur Praxis des Täter-Opfer-Ausgleichs in der Bundesrepublik
Deutschland. In: Bundesministerium der Justiz (Hrsg.). Reihe Recht.. Bonn, S. 52.

Die Nebenklage ist nicht zulässig,

a) wenn auf einen Heranwachsenden Jugendstrafrecht angewendet wird,

b) wenn auf einen Heranwachsenden zwar das Allgemeine Strafrecht angewendet wird, aber im Verfahren mindestens ein Jugendlicher beteiligt ist.

Prinzipiell dient die Nebenklage nicht der Durchsetzung zivilrechtlicher Forderungen. Sie bietet eher die Chance, das Gericht auf Möglichkeiten der Wiedergutmachung oder des Ausgleichs aufmerksam zu machen. Mit der Nebenklage kommt der Geschädigte meist seinem Strafbedürfnis nach. Er bzw. sein Rechtsanwalt als Nebenklagevertreter wird in der Hauptverhandlung gehört.

Geschädigte können jedoch selbst keinen Antrag stellen.

KAPITEL III

DER TÄTER-OPFER-AUSGLEICH

Am 01.12.1990 wurde der Täter-Opfer-Ausgleich in das Jugendgerichtsgesetz aufgenommen. Seither ist es möglich, aus Anlass des Strafverfahrens einen Ausgleich zwischen den Tatbeteiligten herbeizuführen. Die praktischen Erfahrungen reichen schon bis Anfang der achtziger Jahre zurück.

Ausgleich bedeutet im Idealfall:

Vollständige Konfliktbereinigung und Wiedergutmachung

in einem Verfahrenszug.

---

3. DAS ZIEL: DIE WIEDERHERSTELLUNG DES RECHTLICHEN UND SOZIALEN FRIEDENS

Mit dem Täter-Opfer-Ausgleich (TOA) werden Bemühungen bezeichnet, die nach einer Straftat zwischen Tätern und Opfern bestehenden Probleme, Belastungen und Konflikte zu bereinigen.

Dieser Tatfolgenausgleich wird von einem Vermittler begleitet, der Einzelgespräche mit den Betroffenen führt, sie zu einer persönlichen Begegnung anregt und ein solches Ausgleichsgespräch moderiert.

Im Mittelpunkt dieses Ausgleichsgespräches stehen

- die Aufarbeitung der Tat,
- die Auseinandersetzung mit den Folgen,
- die Vereinbarung von Wiedergutmachungsleistungen des Täters an das Opfer.

Über die Konfliktschlichtung und konkrete Wiedergutmachung hinaus sind weitere Ziele des TOA:

- Im Rahmen der Strafverfolgung Opferbelange stärker zur Geltung zu bringen,
- den Beschuldigten die von ihnen verletzten Normen zu verdeutlichen,
- strafende Reaktionen entbehrlich zu machen bzw. abzumildern,

- den Betroffenen zivilrechtliche Rechtsstreitigkeiten um Schadensersatz oder Schmerzensgeld zu ersparen.

Der TOA als Angebot des Tatfolgenausgleichs und der Konfliktlösung zielt auf eine außergerichtliche Konfliktregelung bei Straftaten insbesondere von Jugendlichen und Heranwachsenden. In vielen Fällen sind diese Taten kein Anzeichen für eine verfehlte Sozialisation oder das Einschlagen einer kriminellen Karriere. Sie sind eher Merkmale jugendtypischen Verhaltens, das in dieser Phase des Reifeprozesses auftreten kann.

Außergerichtliche Konfliktregelung unterstützt daher auch soziales Lernen.

Der TOA versteht sich weiter als ein Beitrag zur Entkriminalisierung des Jugendstrafrechtes und der Forderung nach Realisierung der Subsidiarität justizieller Eingriffe.

Im gleichen Maße erhebt der TOA den Anspruch, den Belangen der Geschädigten einen gleichrangigen Stellenwert einzuräumen. Diese sollen ebenfalls die Möglichkeit erhalten, ihre legitimen Ansprüche befriedigen zu können.

Konfliktregelung grenzt sich von einer ansonsten rein formalen und dogmatischen Beurteilung einer Jugendstraftat ab. Anstelle repressiver Normverdeutlichung setzt man auf eine aktive und konstruktive Aufarbeitung der konkreten Tat durch die am Geschehen beteiligten Personen.

Es können auf den Einzelfall angepasste und angemessene Lösungsformen ausgearbeitet werden, die auch auf Erfahrungen aus anderen gesellschaftlichen Bezügen (Familie, Freundeskreis etc.) beruhen.

Der Gedanke der Konfliktregelung erfordert ein Konzept, das den sozialen Kontext gesellschaftlicher Konflikte in den Mittelpunkt des Tatgeschehens stellt. Einer Ausweitung des sozialen Konfliktes durch erneute Benachteiligungen des Opfers und Stigmatisierung des Beschuldigten soll dadurch vorgebeugt werden. Die umfassende Bewältigung des entstandenen Konfliktes erübrigt weitergehende Erziehungsbemühungen oder Strafbedürfnisse. Schadenswiedergutmachung materieller Art und die Aufarbeitung psychischer Folgen aus der Tat sind die opferbezogenen Schwerpunkte beim TOA.

Folgt man viktimologischen Erkenntnissen und den Ergebnissen der wissenschaftlichen Begleitforschung der bekanntesten Ausgleichsstellen, lässt sich feststellen, dass exakt in der Erfüllung dieser Leistungen die Haupterwartung bei den Opfern liegt.

Unkenntnis bei der Inanspruchnahme juristischer Behörden führte noch vor Jahren dazu, dass sich Geschädigte zur Geltendmachung eigener Ansprüche zuerst an die Strafverfolgungsinstanzen wandten, um dort erfahren zu müssen, dass sie im Strafverfahren – wenn überhaupt – lediglich einen Zeugenstatus („Beweismittel") innehatten. Um eigene Erwartungen zu erfüllen, blieb ihnen in der Regel der Weg über ein weiteres, zivilrechtliches Verfahren nicht erspart.

Das Strafrecht muss verstärkt eine Frieden stiftende Wirkung entfalten.

Der TOA bietet den Geschädigten die Möglichkeit, ihre subjektiven Wahrnehmungen der Tat und ihrer Folgen vorzubringen und die Täter damit zu „konfrontieren".

Sie können sich aktiv in den Bewältigungsprozess einbringen. Die von den Tätern zu leistende Wiedergutmachung kommt ihnen unmittelbar zugute (TOA als Opferhilfe).

Im traditionellen Strafverfahren können die Täter die unterschiedlichen Sanktionsformen oft nicht nachvollziehen. Sie können keinen inneren Zusammenhang herstellen zwischen ihrer Tat und der verhängten Strafe. Beim TOA sind sie unmittelbar in den Bewältigungsprozess und in die Verantwortung für die Konfliktlösung eingebunden. Sie erleben die Straftat in ihrem konkreten Bezug und in direkter Begegnung mit den Geschädigten.

Die freiwillige Verständigung mit den Opfern setzt aktives Handeln voraus und reduziert eine passive und gleichgültige Haltung.

Selbstschutzmechanismen der Täter, wie etwa die Entpersönlichung der Opfer, die Selbstrechtfertigung der Taten, die Neutralisierung der eigenen Verantwortung oder die Bagatellisierung der Schäden bleiben ohne Wirkung. Im gemeinsamen Gespräch über Motivation und Umstände der Tat werden die Beschuldigten veranlasst, sich mit ihren persönlichen Grundeinstellungen zu ihrem Verhalten auseinander zu setzen. Gleichwohl erhalten sie die Gelegenheit ungerecht empfundenen, einseitigen Schuldzuweisungen entgegenzuwirken und die Anteile des Geschädigten an der Konfliktentstehung und seiner Eskalation zu benennen.

> **Das Ziel: Wiederherstellung des rechtlichen und sozialen Friedens durch eigenständige Konfliktregelung der unmittelbar Betroffenen.**

Nach dem Grundsatz „eine Tat – ein Verfahren" kann eine möglichst umfassende Bewältigung des Konfliktes durch den TOA Zivilprozesse entbehrlich machen und Doppelbelastungen verhindern.

Der TOA ist eine zeitlich begrenzte Intervention mit dem Ziel, über konfliktorientierte Arbeit zu einem befriedigenden Ausgleich zu gelangen. Der TOA ist keine Ermittlungsarbeit. Er ist auch keine leichte Erziehungsmaßregel zur Beeinflussung der Lebensführung allein des Täters. Er ist ebenso wenig eine Anti-Täter-Haltung wie eine „mitleidsvolle Einstellung" gegenüber Opfern.

Der TOA ist ein tatorientierter Weg zur konstruktiven Bewältigung einer Straftat und bildet einen Rahmen, in dem Täter und Opfer ausreichend Platz für eine autonome Regelung finden.

> **Der Täter-Opfer-Ausgleich hilft dem Täter bei der Tataufarbeitung und dem Opfer bei der Tatbewältigung.**
> **Ausgleich bedeutet meist Befriedung, gelegentlich Aussöhnung, oft auch „nur" friedliche Trennung.**

3.1 EIGNUNGS- UND DURCHFÜHRUNGSKRITERIEN

Der Täter-Opfer-Ausgleich zielt auf die Gruppe der Jugendlichen und Heranwachsenden auf Grund seiner Einbindung in das Jugendstrafrecht.

Bei Gruppendelikten mit Beteiligung von Erwachsenen über 21 Jahren und im Einzelfall von strafunmündigen Kindern ist deren Einbeziehung in das Ausgleichsverfahren nicht ausgeschlossen.

Der Täter-Opfer-Ausgleich gilt sowohl für Erst- als auch für Wiederholungstäter.

Ein TOA ist zu allen Verfahrenszeitpunkten möglich (s. Punkt 3.2 in diesem Kapitel).

Grundsätzlich soll er so früh wie möglich erfolgen. Weder Vorverurteilungen des Täters noch die Deliktschwere sollen eine Konfliktregelung von vornherein ausschließen.

Die Begrenzung liegt eher in der menschlichen Zumutbarkeit und Belastbarkeit.

Reine Bagatellkriminalität scheidet für die Durchführung eines Ausgleichsverfahrens aus, wenn die folgenlose Einstellung des Verfahrens durch die Staatsanwaltschaft gemäß § 45 I JGG in Betracht kommt. Eine Kontrollausweitung nach dem Grundsatz der Verhältnismäßigkeit soll vermieden werden **(Bagatellklausel)**.

Grundsätzlich sollte der TOA nicht auf bestimmte Delikte beschränkt sein. Jedoch ist die Obergrenze klar dort zu ziehen, wo im Einzelfall die bloße Wiedergutmachung für das Rechtsempfinden des Opfers und der Allgemeinheit unerträglich wäre (z. B. bei Vergewaltigung und vorsätzlichen Tötungsdelikten).

Um die Beeinträchtigung seiner persönlichen strafprozessualen Rechte (z. B. Unschuldsvermutung, Aussageverweigerung) zu vermeiden, muss der Beschuldigte im Sinne des Tatvorwurfes geständig sein oder zumindest ein klarer Sachverhalt vorliegen, der vom Beschuldigten im Wesentlichen akzeptiert wird **(Sachverhaltsklausel)**.

TOA ist nur dann durchführbar, wenn konkret ein Mensch geschädigt ist und somit eine direkte Begegnung zwischen Täter und Opfer möglich ist (natürliche Person statt Institution). Verkehrsdelikte, Kaufhausdiebstähle, Beförderungserschleichungen und all diejenigen Fälle, in denen Institutionen nicht durch einen konkreten Ansprechpartner vertreten werden, sind für eine Konfliktregelung in der Zielsetzung eines TOA von vornherein ausgeschlossen **(Opferklausel)**.

Im Ausgleichsverfahren sollen Täter und Opfer freiwillig mitwirken. Sie dürfen weder unter Druck gesetzt werden noch im weiteren Verfahren Nachteile erleiden, wenn sie den TOA ablehnen. Die Zumutbarkeit und Belastbarkeit dem Opfer gegenüber und die Leistungsfähigkeit bzw. Regelbarkeit auf Seiten des Täters können Grenzen setzen **(Freiwilligkeitsklausel)**.

Hinsichtlich der Deliktsbereiche bietet sich eine Konfliktregelung vor allem an bei:

- einfacher und gefährlicher Körperverletzung
- Beleidigung
- Bedrohung/Nötigung
- Nachstellung (Stalking)
- Hausfriedensbruch
- Sachbeschädigung
- Widerstandshandlungen
- Betrug/Unterschlagung
- Diebstahl, Einbruch
- Freiheitsberaubung
- Räuberische Erpressung/Raub.

Die Chancen für eine Einbeziehung schwererer Delikte und mehrfach Auffälliger steigen, wenn der TOA nicht nur mit dem Ziel der Vermeidung eines förmlichen Verfahrens (Diversion) angeboten und durchgeführt wird, sondern insbesondere als eine vor der gerichtlichen Entscheidung zu erbringende freiwillige Leistung des Beschuldigten, die im Urteil berücksichtigt wird. Ein vom Gericht im Wege der Weisung/Auflage angeordneter TOA über die Köpfe der Betroffenen hinweg ist dagegen kontraproduktiv.

Der TOA ist auch während der Haftverbüßung sinnvoll, wenn über das Strafurteil hinausgehend beim jeweiligen Täter ein Bedürfnis nach Wiedergutmachung vorhanden ist. Denkbar ist der TOA auch im Hinblick auf eine vorzeitige Haftentlassung, um noch immer vorhandene Ängste, Unsicherheiten sowohl beim Täter als auch beim Opfer abzubauen und Wiedergutmachung zu ermöglichen, sofern noch Regelungsbedarf vorhanden ist.

3.2 RECHTLICHE GRUNDLAGEN IN UNTERSCHIEDLICHEN VERFAHRENSSTADIEN

Die Durchführung des TOA ist in jedem Stadium des Verfahrens möglich: Vor, während, nach und vor allem s t a t t einer Hauptverhandlung.

3.2.1 DAS VORVERFAHREN (DIVERSION)

a) Die Staatsanwaltschaft stellt das Verfahren gemäß § 45 II JGG ein, wenn

- der Beschuldigte geständig ist, ein klarer Sachverhalt vorliegt oder ein hinreichender Tatverdacht besteht;
- die Beteiligung des Jugendrichters (gemäß § 45 III JGG) und Anklageerhebung nicht geboten ist;
- der TOA bereits durchgeführt bzw. eingeleitet wurde (Anregung durch Vermittler oder von Staatsanwaltschaft empfohlen),
- und der Beschuldigte sich um einen Ausgleich mit dem Verletzten „bemüht" (entscheidend).

Die Einstellung des Verfahrens gemäß § 45 II JGG entspricht im Wesen der Verfahrensweise analog § 153 a StPO. Demgegenüber wird die Einstellung des Verfahrens im JGG gemäß §§ 59, 60 I, Nr. 7 BZRG (Bundeszentralregistergesetz) in das Erziehungsregister eingetragen.

b) Die Staatsanwaltschaft stellt das Verfahren **mit** Beteiligung des Richters nach § 45 III JGG in Verbindung mit § 10 I Satz 3 Nr. 7 JGG ein, wenn

- der Beschuldigte geständig ist, ein klarer Sachverhalt vorliegt oder ein hinreichender Tatverdacht besteht;
- der Staatsanwalt die Anordnung einer erzieherischen Maßnahme (ohne Anklageerhebung) aus erzieherischen Gründen für erforderlich hält (Ermessensentscheidung);
- der Jugendrichter entspricht der Anregung;
- TOA ergeht als Weisung gem. § 10 I Satz 3 Nr. 7 JGG (entscheidend ist das „Bemühen des Beschuldigten").

Die Einstellung gem. § 45 III JGG bewirkt einen Strafklageverbrauch. Das Verfahren kann nicht wie bei einer vorläufigen Einstellung jederzeit, sondern wegen derselben Tat nur auf Grund neuer Tatsachen/Beweismittel von neuem aufgenommen werden.

Die Einstellung des Verfahrens wird gemäß §§ 59, 60 I, Nr. 7 BZRG (Bundeszentralregistergesetz) in das Erziehungsregister eingetragen.

3.2.2 DAS HAUPTVERFAHREN

a) Der Jugendrichter kann das Verfahren nach Anklageerhebung, noch **vor der Hauptverhandlung** gemäß § 47 I Ziff. 2 JGG in Verbindung mit § 45 II JGG einstellen, wenn

- der Beschuldigte geständig ist, ein klarer Sachverhalt vorliegt oder ein hinreichender Tatverdacht besteht;
- der T-O-A durchgeführt bzw. eingeleitet ist (Anregung durch die JGH, das Gericht);
- eine Entscheidung durch Urteil entbehrlich ist;
- die Staatsanwaltschaft zustimmt (Ausnahme: Vereinfachtes Verfahren nach § 76 JGG).

Die Einstellung gemäß § 47 I Ziff. 2 JGG erfolgt durch Beschluss und bewirkt einen Strafklageverbrauch wie bei § 47 III JGG.

Die Einstellung des Verfahrens wird gem. §§ 59, 60 I Nr. 7, II BZRG.in das Erziehungsregister eingetragen.

b) Der Jugendrichter stellt das Verfahren gemäß § 47 I Satz 2 JGG in Verbindung mit §§ 47 I Nr. 2, 45 II JGG vorläufig ein,

- wenn der Beschuldigte geständig ist; ein klarer Sachverhalt vorliegt oder ein hinreichender Tatverdacht besteht;
- mit einer Frist von höchstens 6 Monaten;
- in der der TOA durchgeführt und abgeschlossen wird.

Die Einstellung erfolgt durch Beschluss des Jugendrichters mit Strafklageverbrauch wie bei § 47 III JGG.

Es erfolgt auch hier ein Eintrag in das Erziehungsregister gemäß §§ 59, 60 I Nr. 7, II BZRG.

c) Unter den Voraussetzungen wie unter Punkt b) stellt der Jugendrichter das Verfahren **in der Hauptverhandlung** gemäß § 47 II JGG oder § 153 a StPO ein.

Es erfolgt auch hier ein Eintrag in das Erziehungsregister gemäß §§ 59, 60 I Nr. 7, II BZRG.

In den Fällen a) bis c) wird das Verfahren im Rahmen einer erneuten Hauptverhandlung fortgesetzt, falls der Beschuldigte an dem TOA nicht teilnimmt, ihn vorzeitig abbricht oder eine vereinbarte Leistung nicht erfüllt.

Falls der Beschuldigte sich ernsthaft um einen Ausgleich bemüht, der Geschädigte seinerseits den TOA nicht wahrnimmt oder ihn vorzeitig abbricht, kann der Richter das Verfahren dennoch nach seinem Ermessen einstellen.

d) Der Jugendrichter entscheidet **durch Urteil** ebenfalls unter den bekannten Voraussetzungen:

- Tathergang und Schuldfrage sind geklärt/Angeklagter ist geständig
- das ernsthafte „Bemühen des Angeklagten" reicht aus.

Die Mitwirkung am TOA erfolgt als Weisung gem. § 10 I, 3 Nr. 7 JGG oder die Schadenswiedergutmachung bzw. Entschuldigung als Auflage gem. § 15 I Nr. 1, 2 JGG.

Das Urteil wird in das Erziehungsregister gemäß §§ 59, 60 I Nr. 2, II BZRG eingetragen.

3.2.3 DER TOA INNERHALB DER BEWÄHRUNGSZEIT

a) Der TOA findet Anwendung als Auflage gemäß § 23 JGG in Verbindung mit § 15 I Nr. 1, 2 JGG (analog: § 57 III JGG).
b) TOA als Weisung gemäß § 23 JGG in Verbindung mit § 10 I Satz 3 Nr. 7 JGG.

Auch hier ist der Eintrag in das Bundeszentralregister gemäß §§ 59, 60 I Nr. 2, II BZRG obligatorisch.

Wenn nach Teilverbüßung einer Haftstrafe die bedingte Entlassung (Aussetzung einer Reststrafe zur Bewährung) in Betracht kommt, kann in positiver Hinsicht ähnlich wie bei der primären Strafaussetzung zur Bewährung die Schadenswiedergutmachung als Auflage erwogen bzw. nach freiwilligem Angebot akzeptiert werden (§§ 88, 89, 23 I, II, 15 JGG).

Der TOA kann unmittelbar nach der Tat als reine private Konfliktregelung einsetzen, d. h. die Straftat wird vom Opfer nicht bei der Polizei angezeigt. Auf der Ebene privater Wiedergutmachung ohne Anzeigenerstattung eines an sich strafbaren Verhaltens wird das Tätigwerden der Strafverfolgungsbehörden zunächst ausgeschlossen.

Organe sozialer oder staatlicher Kontrolle werden nicht sofort eingeschaltet, weil Täter und Opfer den zwischen ihnen entstandenen Konflikt als „reine Privatsache" ansehen (z. B. häufig bei Straßenverkehrsdelikten ohne Personenschaden, Haus- und Familiendiebstähle) und sozusagen die Angelegenheit „unter Ausschluss der Öffentlichkeit" regeln.

Hierbei hat jedoch der Geschädigte ausdrücklich darauf zu achten, dass er das förmliche und ausdrückliche Begehren, der Beschuldigte möge doch noch strafrechtlich verfolgt und ggf. bestraft werden (Strafantrag), nur innerhalb einer Antragsfrist von 3 Monaten (§ 77 b I, II StGB) bei Polizei, Staatsanwaltschaft oder Amtsgericht (§ 158 I u. II StPO) anbringt.

Der Strafantrag kann bis zum rechtskräftigen Abschluss des Strafverfahrens zurückgenommen werden, ein erneuter Antrag ist danach nicht mehr zulässig (§ 77d I StGB).

Eine Wiedergutmachung nach Anzeigenerstattung/Strafantrag und polizeilicher Beschuldigten- und Zeugenvernehmung ist insbesondere durch Eigeninitiative des Beschuldigten ebenso möglich. Eine in diesem Verfahrensstadium frühzeitige Konfliktbewältigung (Täter macht „den ersten Schritt") beeinflusst die polizeiliche Ermittlungsarbeit positiv. Entsprechend günstig wirkt sich die Stellungnahme der Polizei auf die Entscheidung der Staatsanwaltschaft aus.

Der TOA zu einem möglichst frühen Zeitpunkt setzt eine intensive Zusammenarbeit des Vermittlers (Jugendgerichtshilfe) mit lokalen Polizeidienststellen voraus.

Die Polizei ist die erste Behörde, die zu Konfliktfällen gerufen wird

und Kontakt zu Tätern und Opfern erhält.

Sie ist „rund um die Uhr" erreichbar.

Die Polizei dient hauptsächlich den Opfern als Ansprechpartner und leistet Krisenintervention. Durch die Ermittlungsarbeit gewinnt die Polizei ein Bild von der aktuellen Situation des Konfliktfalles (Vortat-, Tat- und Nachtatphase, Motivlage) und der Beziehung/Distanz der Betroffenen untereinander. Sie wird dadurch zu einem Kooperationspartner bei der Beurteilung, ob sich ein Konfliktfall zum TOA eignet.

Polizeiberichte bzw. ausführliche Vernehmungsprotokolle setzen die Jugendgerichtshilfe als Vermittlungsträger frühzeitig in die Lage, durch Kontaktaufnahme mit den Konfliktparteien intensive Bemühungen zu einem Ausgleichsversuch zu unternehmen.

Im Rahmen der Haftentscheidungshilfe wird die Jugendgerichtshilfe frühzeitig durch die Geschäftsstelle des Amtsgerichts in Kenntnis gesetzt, dass sich ein Jugendlicher/Heranwachsender in Polizeigewahrsam befindet und je nach Einzelsituation ggf. eine Vorführung beim Haftrichter ansteht.

Mit Zustimmung des zuständigen Vorführstaatsanwaltes und des Haftrichters könnte sodann unmittelbar nach der Straftat ein Ausgleichsverfahren eingeleitet werden.

Der Haftrichter vermeidet die Unterbringung des Beschuldigten in Untersuchungshaft, erlässt dementsprechend einen Haftverschonungsbeschluss mit diversen Auflagen, etwa gemäß § 10 I Nr. 5 JGG „sich der Betreuung und Aufsicht einer bestimmten Person (Betreuungshelfer) zu unterstellen".

Die Haftverschonung bietet dem Vermittler die Grundlage, ein Ausgleichsverfahren einzuleiten.

Je früher eine Konfliktbewältigung für den Beschuldigten einsetzt, desto intensiver kann er eine Beziehung zwischen Tat – Tatfolgen – Reaktion herstellen.

Ausgleichsbemühungen zu einem möglichst frühen Zeitpunkt kommen auch den Bedürfnissen und Interessen der Opfer an einer schnellen Wiedergutmachung entgegen.

Der TOA bewährt sich überwiegend als Form der außergerichtlichen Konfliktregelung im Vorverfahren (Diversion).

Die hierbei zu erzielenden Vorteile wie

- erheblicher Zeitgewinn
- Wiedergutmachung zeitnah zur Tatbegehung
- Begrenzung des justiziellen Aufwandes

- größtenteils Vermeidung des Zivilverfahrens
- psychische Entlastung für Täter/Opfer
- Kostenersparnis

sprechen eindeutig für dieses Verfahrensstadium.

Nach Eröffnung des Hauptverfahrens kann ein TOA zu verschiedenen Zeitpunkten in Betracht kommen:

1. Der Jugendrichter stellt das Verfahren mit Wiedergutmachungsauflagen ohne Hauptverhandlung ein. Die Anregung zum TOA kann hierbei sowohl von der Jugendgerichtshilfe als Vermittlungsträger als auch vom Jugendrichter erfolgen. In der Praxis hat sich eine vorhergehende Abstimmung mit der Staatsanwaltschaft bewährt.

2. Der Jugendrichter hat die Hauptverhandlung bereits anberaumt (oder will terminieren), ist einem TOA vor der Hauptverhandlung jedoch zugetan als Voraussetzung zu einer Verfahrenseinstellung. Die Anregung zum TOA erfolgt hierbei von der Jugendgerichtshilfe als Vermittlungsträger.

   Nach Durchführung des Ausgleichsverfahrens findet die Hauptverhandlung nunmehr nicht statt bzw. der bereits anberaumte Hauptverhandlungstermin wird aufgehoben und das Verfahren eingestellt.

3. Der Jugendrichter stellt in der Hauptverhandlung das Verfahren ein,

   - weil zwischenzeitlich ein TOA stattgefunden hat,
   - weil er im Sinne einer vorläufigen Einstellung dem Betroffenen die Möglichkeit zur Durchführung eines TOA eröffnen will.

Diese Praxis hat sich insbesondere dann bewährt, wenn Täter und Opfer zu einer Konfliktschlichtung motiviert sind, ein Ausgleich vor der Hauptverhandlung jedoch aus zeitlichen Gründen nicht zustande gekommen ist.

4. Der Jugendrichter verurteilt in der Hauptverhandlung den Angeklagten

   - unter Berücksichtigung des TOA als Sanktionsmilderung,
   - mit der Weisung/Auflage zur Wiedergutmachung (§ 15 I Nr. 1 JGG),
   - mit der Weisung zur Durchführung des TOA.

Diese letzte Einsatzvariante wird für die Jugendgerichtshilfe als Vermittlungsträger allerdings nur als Ausnahme in Betracht gezogen. Eine Konfliktregelung als „unfreiwillige Maßnahme" erzeugt Motivationsprobleme bei Täter und Opfer. Der jeweilige Handlungsspielraum wird deutlich eingeschränkt und eine Konfliktschlichtung im Sinne der Erfolgskriterien ist kaum realisierbar.

Schadensausgleich und Konfliktregelung sollten grundsätzlich auch während des Strafvollzuges möglich sein. In der Regel haben Gefangene jedoch kaum Möglichkeiten, viel im Interesse des Opfers zu tun. Insbesondere hat der Gesetzgeber bei der Verwendungsmöglichkeit des Arbeitsentgeltes die mögliche Wiedergutmachungsleistung nicht ausdrücklich genannt. Es wird jedoch festgestellt, „dass der Gefangene in dem Bemühen zu unterstützen ist, einen durch seine Straftat verursachten Schaden zu regeln." Hierzu muss die Frage der gerechten Entlohnung von Strafgefangenen zufriedenstellend geklärt werden.

3.4   DER TOA ALS VORAUSSETZUNG ZUR STRAFMILDERUNG

Das Allgemeine Strafrecht kennt die Wiedergutmachung des Schadens als „Alternativlösung" zur formellen Sanktion gemäß § 153 a StPO, ferner als sanktionsbegleitende Zusatzreaktion in Form der Strafaussetzung zur Bewährung oder Verwarnung mit Strafvorbehalt (§ 59 StGB) nach den in § 56 I, Satz 2 StGB genannten Strafaussetzungsgründen: „Dabei sind namentlich die Persönlichkeit des Verurteilten, sein Vorleben, die Umstände seiner Tat, sein Verhalten nach der Tat, seine Lebensverhältnisse und die Wirkungen zu berücksichtigen, die von der Aussetzung für ihn zu erwarten sind".

Schließlich ist die Schadenswiedergutmachung noch als sanktionsmildernder Aspekt der Strafzumessung gemäß § 46 II StGB zu berücksichtigen: „Sein Verhalten nach der Tat, besonders sein Bemühen, den Schaden wieder gut zu machen sowie das Bemühen des Täters, einen Ausgleich mit dem Verletzten zu erreichen". Hieraus folgt, dass der TOA neben seinen inhaltlichen Zielen auch formal ein Strafaussetzungs- und Strafmilderungsgrund ist.

Seit dem 01.12.1994 regelt der § 46 a StGB den Täter-Opfer-Ausgleich und die Schadenswiedergutmachung als **„Kann-Bestimmung"**: Das Gericht kann bei erfolgreichem Bemühen des Angeklagten die Strafe nach § 49 Abs. 1 StGB mildern oder „wenn keine höhere Strafe als Freiheitsstrafe bis zu einem Jahr oder Geldstrafe bis zu dreihundertsechzig Tagessätzen verwirkt ist, von Strafe absehen."

Neben anderen Änderungen in der Strafprozessordnung wurde der § 155 a am 01.12.2000 neu in die Strafprozessordnung aufgenommen, um den TOA strafverfahrensrechtlich noch stärker zu verankern und ihm einen breiteren Anwendungsbereich zu verschaffen.

Danach sollen die Staatsanwaltschaft und das Gericht in jedem Stadium des Verfahrens die Möglichkeit prüfen, einen Ausgleich zwischen Beschuldigtem und Geschädigtem zu erreichen, jedoch nicht gegen den ausdrücklichen Willen des Verletzten.

Das Nähere zur Durchführung des TOA ist in § 155 b StPO geregelt. Letztlich sollte die Durchführung des TOA möglich sein, ohne dass sich Justizbehörden insbesondere bei freien Trägern hinter dem Datenschutz verschanzen und dadurch [bisher] den Fachstellen für Täter-Opfer-Ausgleich zu wenige Fälle zugewiesen hatten.

KAPITEL IV

DIE PRAKTISCHE DURCHFÜHRUNG

In diesem Kapitel stellen wir die Grundlagen sowie die Methoden und Techniken der praktischen Durchführung vor.

4. DIE GRUNDLAGEN DES TÄTER-OPFER-AUSGLEICHS

4.1 TYPISCHER VERLAUF IN SIEBEN SCHRITTEN

Hier soll in sieben Schritten der praktische Verlauf des TOA im staatsanwaltlichen Vorverfahren beschrieben werden (Diversion im Rahmen des § 45, II JGG).

Die Staatsanwaltschaft übersendet der Jugendgerichtshilfe die Ermittlungsakte mit der Verfügung, einen Täter-Opfer-Ausgleich durchzuführen.

4.1.1 PRÜFUNG DER EIGNUNGSKRITERIEN

Bei der Durchsicht der Akte wird geprüft, ob die wesentlichen Eignungskriterien vorliegen:

- **Geständnis**, klarer Sachverhalt oder hinreichender Tatverdacht,
- geschädigt wurde eine **natürliche Person**
- es geht um kein geringfügiges Vergehen, das die Staatsanwaltschaft üblicherweise nach § 45, I JGG einstellt **(Bagatellklausel)**,
- Es liegt noch ein **regelbedürftiger** Konflikt bzw. Schaden vor;

4.1.2 EINLADUNG DES TÄTERS ZUM VORGESPRÄCH

Der Beschuldigte wird zum Vorgespräch eingeladen. Da es sich ungeachtet der freiwilligen Teilnahme zum TOA um ein anhängiges Strafverfahren handelt, ist grundsätzlich ein Beratungsgespräch anzubieten. Jugendliche werden über ihre Eltern eingeladen.

Im Vorgespräch wird der Jugendliche über den weiteren Verfahrensablauf informiert. Er hat die Möglichkeit, seine persönliche Sichtweise über die Entstehung und Verlauf des Konflikts darzustellen. Des Weiteren wird geklärt, ob er zur Teilnahme an einem TOA bereit ist.

Ist er anwaltlich vertreten, wird auch der Rechtsanwalt informiert.

4.1.3 EINLADUNG DES GESCHÄDIGTEN ZUM VORGESPRÄCH

Ist der Beschuldigte zu einem Ausgleich bereit, wird der Geschädigte ebenfalls eingeladen und über die Möglichkeit eines TOA informiert.

Der Geschädigte bekommt ebenfalls die Gelegenheit, seine persönliche Sichtweise des Konflikts darzustellen.

Schließlich wird geklärt, ob auch der Geschädigte an einer außergerichtlichen Konfliktbereinigung interessiert ist. Ein Gespräch mit dem Beschuldigten sollte jedoch nicht als einzige Möglichkeit der Konfliktregelung oder Wiedergutmachung angesehen werden.

Ein Geschädigter fühlt sich sehr leicht unter Druck gesetzt, wenn ein Ausgleich nur über die persönliche Begegnung mit dem Beschuldigten erfolgen soll. Der Vermittler sollte daher den Wunsch respektieren, von einem gemeinsamen Gespräch abzusehen, auch wenn ihm selbst die Gründe nicht nachvollziehbar erscheinen mögen. Jedoch sollten Alternativen besprochen werden (z.B. getrennte Gespräche, Ausklammern zivilrechtlicher Regelungen oder Schadenwiedergutmachung ohne persönliche Begegnung, Ersatzleistungen wie gemeinnützige Arbeit etc.). Wenn Geschädigte eine Begegnung mit dem Beschuldigten grundsätzlich ablehnen, kommt Pendeldiplomatie bzw. „Shuttle-Mediation" in Betracht.

Oberstes Prinzip beim TOA sollte sein, die individuellen Sichtweisen und Erwartungen der Betroffenen in den Vordergrund der Ausgleichsbemühungen zu stellen.

Ist der Geschädigte anwaltlich vertreten, wird der Anwalt informiert und der Geschädigte trifft seine Entscheidung über seine Mitwirkung am TOA – Verfahren nach Absprache mit diesem.

4.1.4 TERMINIERUNG DES AUSGLEICHSGESPRÄCHES

Sind die Beteiligten zu einem Ausgleichsgespräch bereit, wird mit ihnen ein Termin für das Ausgleichsgespräch vereinbart.

Sind die Betroffenen anwaltlich vertreten, werden auch die Anwälte über den Termin unterrichtet. Es liegt in der Entscheidung des Mandanten und seines Anwaltes, ob der Anwalt am Ausgleichsgespräch teilnimmt oder nicht. Nimmt der Anwalt teil, so ist eher eine abschließende Regelung zu erwarten, als wenn ohne dessen Teilnahme erst eine Rücksprache erfolgen muss und der Anwalt gegebenenfalls Gesichtspunkte mit einbringt, die nicht Bestandteil des Ausgleichsgespräches waren und den anderen Beteiligten erst nähergebracht werden müssen. So sind Verzögerungen nicht auszuschließen.

Die Gespräche finden in der Regel in der Schlichtungsstelle statt, die meist von allen Beteiligten als neutraler Ort akzeptiert wird.

4.1.5 DAS AUSGLEICHSGESPRÄCH

Das Ausgleichsgespräch dient der Aufarbeitung der Tat und der Verhandlung über Möglichkeiten, den Konflikt beizulegen.

Die persönliche Begegnung der Beteiligten ist das zentrale Ereignis im Ausgleichsverfahren. Sie bietet die Chance zur endgültigen Konfliktbereinigung.

Hier ist der Raum, die unterschiedlichen Sichtweisen der Tat, ihrer Folgen, die damit verbundenen Erwartungen zu formulieren und wechselseitig verständlich zu machen.
Vielfach wird der Konflikt allein durch die gemeinsame Aussprache bereinigt.
Andererseits können die emotionalen Spannungen alle Chancen zunichtemachen, wenn sie unkontrolliert den Gesprächsverlauf in unerwünschte Bahnen lenken.
Daher wird das Ausgleichsgespräch im Kapitel 9.7.9 noch ausführlicher behandelt.

4.1.6 DER ABSCHLUSSBERICHT

Bei sehr umfangreichen Ausgleichsfällen wird ein Bericht an die Verfahrensbeteiligten (Staatsanwaltschaft/Gericht) erstellt. In einfachen Fällen genügt eine Kurzmitteilung.

Bei erfolgreichem Abschluss wird die Einstellung des Verfahrens angeregt.

Scheitert der Täter-Opfer-Ausgleich, empfiehlt sich ebenfalls ein ausführlicher Bericht. Es sollten die Gründe angegeben werden, warum ein erfolgreicher Abschluss nicht zustande kam. Hierbei ist zu empfehlen, eine Alternative anzubieten. Dabei ist zu erläutern, inwieweit der Beschuldigte sein Bemühen um einen Ausgleich gezeigt hat.

4.1.7 ÜBERWACHUNG DER EINHALTUNG VON VEREINBARUNGEN

Der Vermittler unterstützt die Parteien, wenn Fragen oder Probleme bei der Einhaltung vereinbarter Leistungen entstehen und gegebenenfalls erneut verhandelt werden muss.

Er vermittelt bei Bedarf erneut, kümmert sich um Darlehen oder die Einteilung gemeinnütziger Arbeit, wenn der Opferfonds in Anspruch genommen wird (vgl. 9.7.11).

4.2 ALTERNATIVEN ZUM AUSGLEICHSGESPRÄCH

An dieser Stelle stellen wir ausdrücklich klar, dass **das Ausgleichsgespräch nicht in jedem Fall das erstrebenswerte Ziel** sein muss.

Oftmals wünschen Konfliktparteien zwar eine einvernehmliche Lösung, halten ein gemeinsames Gespräch jedoch nicht mehr für erforderlich oder zumutbar. Ziel einer einvernehmlichen Konfliktregelung kann auch eine friedliche Trennung sein mit der Maßgabe, sich in Zukunft aus dem Wege zu gehen.

Das Ausgleichsgespräch entspricht meist der Idealvorstellung der Vermittler, nicht notwendigerweise auch der Betroffenen. So kommen auch diese Möglichkeiten in Betracht:

1. Die Kontrahenten treffen sich privat ohne Vermittler (in vertrauter Umgebung).
2. Sie überlassen die Regelung ihren Rechtsanwälten mit oder ohne Unterstützung des Vermittlers.

3. Sie treffen Regelungen getrennt über den Vermittler („Pendeldiplomatie"). Dies ist häufig bei Schadenswiedergutmachung der Fall, bei denen eine Konfliktregelung nicht erforderlich ist.

4. Im Einzelfall kann die gerichtliche Entscheidung aus Gründen der Rechtssicherheit die „beste Alternative" sein.

**Wichtig ist, dass sich die Konfliktpartner auf eine Verfahrensweise einigen,
wie sie ihren Konflikt regeln.**

4.3   OPFERFONDS

Immer wieder kommt es vor, dass Täter, die Schüler oder arbeitslos sind, sich grundsätzlich bereit erklären eine materielle Wiedergutmachung zu leisten, jedoch nicht die finanziellen Mittel dazu haben. Hier sollte die Möglichkeit bestehen, dem Täter aus einem „Opferfonds" ein zinsloses Darlehen zu gewähren oder ihm anzubieten, einen konkreten Betrag abzuarbeiten.

Befindet sich der Fonds bei der Jugendgerichtshilfe, so kann in der Regel der Vermittler selbst über die Finanzen verfügen. Allerdings ist ein Sonderkonto, das durch Geldbußen gespeist wird, einem Haushaltsansatz aus städtischen Mitteln vorzuziehen, da hier die bürokratischen Hürden hoch gesteckt und wenig flexibel sind.

Hält ein gemeinnütziger Verein den Fonds bereit, so ist darauf zu achten, dass der Verein zustimmt und ein entsprechender Beschluss darüber besteht, bis zu welcher Höhe der Vermittler verfügen darf.

In Aachen ist der Opferfonds beim „Verein für Jugendhilfe e.V." angesiedelt, in Stolberg/Rheinland beim „Fallschirm e.V.". Um eine unbürokratische Schadensregulierung zu ermöglichen, haben die Vorstände der Vereine beschlossen, dass die Vermittler über einen Betrag bis zu 500,- € pro Einzelfall verfügen können. Die Finanzierung ist in zwei Formen möglich:

1. Die Gewährung eines zinslosen Darlehens,
2. das Ableisten gemeinnütziger Arbeit.

In beiden Fällen ist die Rückzahlung eines noch ausstehenden Restbetrages jederzeit möglich. Hin und wieder wird ein Teil des Gesamtbetrages selbst bezahlt (z.B. die Hälfte), der andere Teil abgearbeitet oder als Darlehen gewährt.

Ziel dabei ist stets,

dem Täter annehmbare Zahlungsmodalitäten zu gewähren

und dem Geschädigten lange Laufzeiten zu ersparen.

Je nach Einrichtung werden pro Stunde gemeinnütziger Arbeit 5,00 € bis 6,00 € gutgeschrieben. Der Höchstbetrag liegt meist bei 500,- €, die durch maximal 100 Stunden erarbeitet werden.

Zum 01.01.2015 wurde der gesetzliche Mindestlohn eingeführt. Das Mindestlohngesetz (MiLoG) greift hier nicht, weil hier kein vertragliches Arbeitsverhältnis vorliegt. Davon unberührt gilt der Mindestlohn nicht für Personen unter 18 Jahren.

Es kann vereinbart werden, dass bei einem Betrag bis 250,- € erst dann gezahlt wird, wenn die gesamte Stundenzahl abgeleistet ist. Handelt es sich um einen höheren Betrag und damit um mehr Arbeitsstunden, kann vereinbart werden, dass zunächst ein Teil abgearbeitet wird und der Verein dann den gesamten Betrag an den Geschädigten überweist, wenn erkennbar ist, dass der „Schuldner" zuverlässig arbeitet.

Von den entsprechenden Verträgen werden Ausfertigungen für die Vertragspartner (Täter/Verein) und die TOA – Unterlagen benötigt.

Wird mit dem Jugendlichen vereinbart, einen Schadensersatzbetrag abzuarbeiten, ist ihm durch die JGH eine sinnvolle Einsatzstelle mitzuteilen. In der Praxis hat sich bewährt, dass der Jugendliche persönlich in der Jugendgerichtshilfe vorspricht und mit ihm gemeinsam die Einsatzstelle ausgewählt wird.

Darüber hinaus gilt das Vereinskonto auch als Fremdgeldkonto. Wenn direkte Kontakte oder auch persönliche Daten geschützt werden sollen, überweist der Schuldner den Wiedergutmachungsbetrag oder die Raten auf das Konto des Vereins, von dem der Betrag/die Beträge an den Empfänger weitergeleitet werden.

Der Fall: Körperverletzung

Ausgleich mit materieller Wiedergutmachung unter Beteiligung eines Rechtsanwaltes:

Der 16 jährige Theo trifft auf der Straße den 15 jährigen Florian. Er wirft diesem vor, vor einiger Zeit einen jüngeren Freund belästigt zu haben. Um diesen Freund zu schützen, will er Florian zur Rede stellen. Es ergibt sich ein kurzes Streitgespräch. Florian weist den Vorwurf der Belästigung vehement zurück. Darüber gerät Theo in Rage und versetzt seinem Kontrahenten mehrere Kopfstöße und Faustschläge ins Gesicht. Aufgrund seiner äußerlich sichtbaren Verletzungen kommt Florian ins Krankenhaus. Dort wird er vier Tage wegen einer Schädel- und Rippenprellung und des Verdachts auf Gehirnerschütterung stationär behandelt. Röntgenuntersuchungen ergeben keinen Hinweis auf Frakturen.

Am 4. Tag wird Florian beschwerdefrei entlassen.

Die Eltern von Florian stellen bei der Polizei Strafantrag und beauftragen einen Rechtsanwalt mit der Wahrnehmung ihrer Interessen bzw. ihres Sohnes.

In seiner polizeilichen Vernehmung gibt Theo sein Fehlverhalten zu. Aufgrund des klaren Sachverhaltes kommt die Jugendstaatsanwältin zu der Auffassung, dass ein Täter-Opfer-Ausgleich versucht werden könne und sendet die Ermittlungsakte an die Jugendgerichtshilfe mit der Bitte, einen Ausgleich zwischen den Beteiligten herbeizuführen.

Der Vermittler lädt Theo zum Vorgespräch ein. Theo erklärt, dass er etwas in „den falschen Hals bekommen" habe, als er von Dritten erfuhr, dass Florian seinen Freund belästigt habe. Erst später habe sich herausgestellt, dass es sich um ein belangloses Zwiegespräch handelte.

Theo ist zu einer außergerichtlichen Konfliktregelung bereit.

Nun wird Florian mit seinen Eltern ebenfalls zu einem Vorgespräch eingeladen. Diese leiten das Einladungsschreiben an ihren Rechtsanwalt weiter. Dieser meldet sich nach einigen Tagen bei der Jugendgerichtshilfe und erklärt, dass die Mutter von Florian einem Ausgleich sehr skeptisch gegenüber stehe. Sie empfände Theo als sehr brutal und möchte, dass er bestraft werde. Auch glaube sie nicht, dass Theo zu einer Wiedergutmachung in der Lage sei.

Nach einigen Erläuterungen zu den Zielen des TOA und auf den Hinweis des Vermittlers, dass Theo sich im Gespräch einsichtig gezeigt habe und gute Chancen auf eine einvernehmliche Regelung bestünden, erklärt der Rechtsanwalt, dass er sich mit der Familie auf eine Alternative zu einem Ausgleichsgespräch verständigen wolle.

Nach zehn Tagen meldet sich der Rechtsanwalt erneut und signalisiert nun doch die Gesprächsbereitschaft seiner Mandanten.

Es wird ein Termin für eine gemeinsame Aussprache mit allen Beteiligten vereinbart.

Theo erscheint in Begleitung seines Vaters. Florian kommt mit seinen Eltern und Rechtsanwalt.

Theo schildert den Sachverhalt und räumt auch jetzt seine „Überreaktion" unumwunden ein. Die Vorhaltungen von Florians Eltern ob seiner brutalen Vorgehensweise beeindrucken ihn, weil er so eine für ihn ungewohnte wie überraschende Sichtweise erfährt. Florians Eltern akzeptieren Theos Entschuldigung und geben ihm zu verstehen, dass sie ihm für seine Zukunft keine Steine in den Weg legen wollen. Auch Florian akzeptiert die Entschuldigung und erklärt, dass er vor Theo keine Angst mehr habe.

Verhandlung über die Wiedergutmachung

Theo nimmt zurzeit an einem Malerlehrgang der Arbeitsagentur teil. Sein monatliches Einkommen beträgt 300 €. Sein Vater ist arbeitslos.

Nach intensiver Beratung und Verhandlung erklärt sich Theo mit Zustimmung seines Vaters bereit, ein Schmerzensgeld von 750 €, eine pauschale Aufwandsentschädigung von 50 € und die Anwaltskosten in Höhe von 120 € zu zahlen.

Um eine zügige Regulierung zu gewährleisten, wird folgende Regelung getroffen:

Theo leistet 80 Stunden gemeinnützige Arbeit im Tierpark, damit 500 € aus dem Opferfonds an den Geschädigten überwiesen werden. Den Differenzbetrag von 300 € zahlt er in vier Raten von 75 €. Die Anwaltskosten werden in zwei Raten von je 60 € gezahlt. Theo leistet die 80 Stunden innerhalb von zwei Monaten ab. Vertragsgemäß überweist der Verein die vereinbarte Summe von 500 € an Florian.

Innerhalb von vier Monaten ist das Verfahren abgeschlossen.

4.5 ERFOLGSKRITERIEN

Basierend auf der Gewinner-Gewinner-Strategie („Niemand gewinnt auf Kosten des anderen") ist sicherlich eine gemeinsame Regelung zwischen den Konfliktparteien, mit der beide zufrieden sind, als das entscheidende Erfolgskriterium im Ausgleichsverfahren anzusehen.

Resultierend aus den Erfahrungen mehrjähriger Ausgleichspraxis gelten insbesondere die nachfolgenden Kriterien:

- Der erschöpfende und befriedigende Austausch zwischen Täter und Opfer (im Sinne von Tatverarbeitung und Tatbewältigung). Der eigentliche Konflikt in und hinter der Straftat sollte deutlich herausgearbeitet und im Idealfall bewältigt sein,
- eine Übereinkunft über die Wiedergutmachungsleistung(en) als einvernehmliche Regelung,
- das Tolerieren und Akzeptieren des anderen (ohne dass das Verhalten des anderen gebilligt werden muss),
- die Wiederaufnahme oder Verbesserung abgebrochener oder gestörter Beziehungen,
- ernsthaftes Bemühen als das Bestreben, das Opfer zufrieden zu stellen, reicht aus (§ 45, II JGG);
- Geschädigte/r nimmt Entschuldigung des Täters an,
- Geschädigte/r hat keine Angst mehr,
- Verzicht des Geschädigten auf Strafverfolgung des Beschuldigten (wünschenswert),
- die Einstellung des Verfahrens oder die Sanktionsminderung (anzustreben).

4.6 ERFAHRUNGEN UND ERFOLGSQUOTEN: DIE AKZEPTANZ DES TOA

Die Erfahrungen und die Quote der erfolgreich abgeschlossenen Fälle hängen von der Professionalität und den Rahmenbedingungen der örtlichen Schlichtungsstellen ab.

Im Landgerichtsbezirk Aachen wird der Täter-Opfer-Ausgleich seit 1989 gezielt angeboten und kontinuierlich weiterentwickelt. Vermittler/innen mit einer Zusatzausbildung als Mediator/innen in Strafsachen sind besonders qualifiziert.

Bundesweit (so auch in Aachen und Stolberg) ergeben sich bei etablierten Stellen mit geringen Abweichungen folgende Erfahrungswerte:

In 90 % aller geeigneten Fälle sind Beschuldigte und Geschädigte zu einer außergerichtlichen Konfliktregelung bereit. Im Durchschnitt 80 % dieser Ausgleichsverfahren werden mit einer einvernehmlichen Vereinbarung, die eingehalten wird, abgeschlossen. Diese Zahl erscheint erstaunlich hoch. Sie ist allerdings nicht so verwunderlich, wenn man bedenkt, dass aufgrund der Eignungskriterien bereits eine Auswahl getroffen wird.

Die praktische Erfahrung zeigt, dass der Täter – Opfer – Ausgleich die unterschiedlichen Interessen der Betroffenen berücksichtigen kann, ohne dass sie im Widerspruch zueinander stehen müssen.

So ist für den jugendlichen Beschuldigten die Aussicht auf eine Verfahrenseinstellung Anreiz genug, um aktiv mitzuarbeiten, auch wenn sie mit einem hohen persönlichen oder finanziellen Einsatz verbunden ist.

Dem Opfer bringt die persönliche Konfliktlösung und Schadenwiedergutmachung durch einen motivierten Beschuldigten stets mehr als dessen bloße Sanktionierung, bei der die eigenen Bedürfnisse unberücksichtigt bleiben.

Haben sich die Betroffenen bereits vor dem Vorfall gekannt, liegt meist echtes Interesse an einer Verbesserung oder Wiederherstellung der persönlichen Beziehung vor.

Der Erfolg des Täter-Opfer-Ausgleichs als Maßnahme der Jugendhilfe hängt von der Zufriedenheit aller an der Durchführung des Verfahrens beteiligten Personen und Institutionen (z.B. Justiz) ab.

Vorrangiges Kriterium ist die Zufriedenheit der Konfliktparteien über ihre gemeinsam erarbeitete Konfliktlösung.

Erst in zweiter Linie gilt ein Ausgleich als erfolgreich, wenn die Justiz als Entscheidungsträgerin im Strafverfahren das Verfahren einstellt oder eine Sanktion mildert.

Die Justiz bestimmt die Rahmenbedingungen. Sie hat entscheidenden Einfluss darauf, unter welchen Bedingungen Beschuldigte und Geschädigte ihren **Konflikt selbst lösen.** Sie akzeptiert dies in der Regel schon dadurch, dass sie bei der Verfügung, einen TOA durchzuführen, keine inhaltlichen Vorgaben macht.

4.6.1 OPFERZUFRIEDENHEIT

Bei vielen Geschädigten liegt auch bei einer Monate zurückliegenden Tat noch ein hoher Ausgleichsbedarf vor. Nach dem Stellen des Strafantrages werden sie mit der Aufarbeitung der Tat und ihren Folgen allein gelassen. Das Interesse der Behörden gilt fortan vorrangig der Strafverfolgung des Täters. Oft sind die Geschädigten überrascht, „nach so langer Zeit noch etwas von der Sache zu hören."

Der Täter-Opfer-Ausgleich ist für sie ein Schritt in die richtige Richtung. Denn in seinem konkreten Einzelfall fühlt sich das Opfer durch das Strafrecht nicht geschützt. Nunmehr geht es ihm um die Beseitigung oder Milderung der Tatfolgen, soweit es mit eigenen Mitteln dazu nicht in der Lage ist.

Neben berechtigter Wiedergutmachung als materiellem Tatfolgenausgleich geht es immateriell im Wesentlichen um zwei Ziele der Konfliktlösung, die der Geschädigte bei seiner Mitwirkung verfolgt:

Die Korrekturstrategie

Die Tat und ihre Folgen werden aufgearbeitet. Zwar kann man die Tat nicht ungeschehen machen, doch möchte man am Ende nicht schlechter da stehen als vorher. Dabei soll der Aufwand in einem vernünftigen Verhältnis zur (noch bestehenden) Beeinträchtigung stehen. So ist oftmals das Ausgleichsgespräch wichtig zur Wiederherstellung des Selbstwertgefühles und der gekränkten Ehre.
Ängste und Selbstzweifel können so abgebaut und materielle Schäden ausgeglichen werden.

Die Präventivstrategie

Der Ausgleich soll bewirken, dass sich Ereignisse wie die erlebte Tat nicht wiederholen. Ein solches Ziel lässt sich, wie die Erfahrung zeigt, oftmals nur mit dem Verursacher des Konfliktes erreichen.

Der Täter hat die (ihm nicht zugebilligte) Macht ausgeübt, in schädlicher Weise mit dem Opfer umzugehen. Es kann nunmehr mit dem Instrument des Strafrechts als Mittel sozialer Kontrolle wiederum seinen Einfluss geltend machen, weitere Beeinträchtigungen zu verhindern. Das Opfer tritt dem Täter als Mensch aus Fleisch und Blut gegenüber: Verletzlich und zum Teil sehr emotional. Der Täter kann so die Empathie entwickeln, die Situation des Opfers konkret zu verstehen. Er gewinnt die nötige Einsicht in die Folgen seines Handelns. Er versteht, dass er nicht bloß ein abstraktes Rechtsgut verletzt hat.

4.6.2 TÄTERZUFRIEDENHEIT

Der Täter ist durch das Strafverfahren unmittelbar betroffen. Das eingeleitete Ermittlungsverfahren (Festnahme, Anzeige, Vernehmung, evtl. Anklage und Gerichtsverfahren) öffnet ihm sehr eindringlich die Augen bezüglich der Konsequenzen seines Handelns. Seine Bereitschaft zur Mitarbeit gründet u.a. auf der Erwartung, dem Druck des laufenden Verfahrens entgehen zu können.

Die Bedürfnisse des Opfers sind nicht immer der Auslöser für seine Bereitschaft zur Mitarbeit. Ihm ist jedoch klar, dass hier berechtigte Interessen bestehen. Oftmals ist der Täter über das Ausmaß der persönlichen Auswirkungen seines Handelns auf das Opfer überrascht.

Verdrängungsmechanismen und vorgeschobene Rechtfertigungen werden durch die unmittelbare Begegnung mit dem Geschädigten und der gemeinsamen Tataufarbeitung aufgebrochen. Seine Einsicht wird gefördert, da ihm die Opferperspektive die Tatfolgen einsehbarer macht.

Andere Faktoren, die die Mitwirkungsbereitschaft des jugendlichen Täters begünstigen, sind Spannungen im Elternhaus, die durch aktive Bereinigung der belastenden Situation beendet werden können; Befürchtungen für die Zukunft, nämlich eventuell vorbestraft zu sein und damit verbunden das negative Selbstbild, ein Dieb, Schläger oder Räuber zu sein, werden ihm genommen (Entstigmatisierung).

Oft wird dem Beschuldigten nach Einleitung des Ermittlungsverfahrens von Dritten abgeraten, selbst mit dem Geschädigten Kontakt aufzunehmen. Dies könne ihm als voreiliges Schuldeingeständnis angelastet werden. Häufig ist ihm die Adresse des Geschädigten nicht bekannt. Die Polizei sieht sich nicht befugt, diese Daten weiterzugeben.

Im erzieherischen Jugendstrafverfahren kommt dem Verhalten der Jugendlichen nach der Tat besondere Bedeutung zu. Die Bereitschaft, sich für sein Fehlverhalten zu verantworten und den entstandenen Schaden wieder gut zu machen, wird als erzieherisch sinnvoll anerkannt und berücksichtigt. Jugendliche sind gern bereit, aktiv an einer Konfliktregelung mitzuarbeiten und dadurch Einfluss auf den weiteren Verfahrensablauf zu nehmen. Sie müssen nicht „schicksalhaft" abwarten, was das Gericht mit ihnen macht.

Die traditionellen Straf- und Zivilverfahren wirken auf eine zunehmende Anonymität zwischen Beschuldigten und Geschädigten hin. Es ist nicht vorgesehen, dass sie gemeinsam ihre jeweiligen Interessen formulieren und verfolgen. Sind Dritte beteiligt, haben sie meist die Aufgabe, die Verantwortung und Entscheidung über den Ausgang des Verfahrens zu übernehmen. Die Betroffenen müssen die Bearbeitung des Konflikts Autoritäten wie Richter, Rechtsanwälte und Eltern überlassen. Die Art und Weise der Konfliktregelung besteht mehr in einem **Gegeneinander statt Miteinander**. Neben den Interessenskonflikten ("Was" wird geregelt?) verschärft sich die Auseinandersetzung durch den eingeschlagenen Weg ("Wie" wird geregelt?). Der Täter-Opfer-Ausgleich als ein Arbeitsfeld der Mediation versucht, die Beteiligten mit dem Ziel der Annäherung und Verständigung an einen Tisch zu bringen.

KAPITEL V

MEDIATION IM STRAFRECHT

Bei einem Täter-Opfer-Ausgleich sind mindestens drei Personen beteiligt: Beschuldigte/r, Geschädigte/r und Vermittler/in. Konfliktvermittlung, auch als Mediation bekannt, stellt hohe Anforderungen an die Mediatorinnen und Mediatoren. In diesem Abschnitt geht es um Hintergrundwissen zum Thema „Konflikt" und insbesondere um Kenntnisse und Fähigkeiten, um der Herausforderung gerecht werden zu können. Mediation im Strafrecht ist ein anerkanntes Betätigungsfeld für Vermittlerinnen und Vermittler, für das eine gesonderte Ausbildung verlangt wird.

5. MEDIATION: UNTERSTÜTZUNG DURCH NEUTRALE VERMITTLER

Mediation bedeutet „Vermittlung." In Deutschland hat Mediation bereits in vielen Lebensbereichen seit Mitte der 80er Jahre Fuß gefasst und gilt als neue und alternative Methode der Konfliktregelung. Meist erfolgt der Hinweis auf die USA, wo zwischen 1970 und 1980 unter dem Begriff der Mediation eine neue Bewegung der konstruktiven Streitkultur entstand. Doch bei näherer Betrachtung handelt es sich um eine mehr als 2.600 Jahre alte Umgangsform mit Konflikten, die mit der Wahl des Griechen Solon (ca. 640-561 v. Chr.) zum „Vermittler" und „Archont" ihren Ursprung in Europa hat.[17]

Die Vermittlung in Streitfällen wird geleistet durch unparteiische Dritte, die von den Konfliktparteien gleichermaßen akzeptiert werden. Mediation setzt da an, wo die autonome Konfliktbewältigung zwischen den Betroffenen selbst an ihre Grenzen stößt.

> **Wenn der zwischenmenschliche Dissens nicht gelöst ist,**
> **und auch der Strafprozess nicht die erhoffte Lösung verspricht,**
> **kommt Mediation in Betracht.**

---

[17] Duss-von Werdt, J. (2005): Homo Mediator. Stuttgart, S. 24 f.

5.1 DIE GRUNDPRINZIPIEN DER MEDIATION

Die Mediation als außergerichtliches Verfahren basiert auf diesen anerkannten Prinzipien:
- Vermittlung durch neutrale Dritte
- Allparteilichkeit der Vermittler
- Einbeziehung aller Konfliktparteien
- Freiwilligkeit der Teilnahme
- Selbstbestimmung / Eigenverantwortung
- informelle, außergerichtliche Ebene
- Vertraulichkeit der Gespräche / geschützter Rahmen
- Offenheit/Informiertheit
- zukunftsgerichtet / konsensorientiert
- Ergebnisoffenheit.

5.1.1 VERMITTLUNG DURCH NEUTRALE DRITTE

Vermittler dürfen keine persönlichen Interessen verfolgen. Etwaige Interessen können die Inhalte oder den Ausgang des Mediationsverfahrens betreffen. Ein persönliches Interesse könnte das Streben nach einer hohen Erfolgsquote sein mit der Konsequenz, dass Vermittler Druck auf die Konfliktparteien ausüben bzw. Ergebnisse vorschlagen, die nicht im Sinne der Beteiligten sind. Ein persönliches Interesse könnte sein, dass der TOA ausschließlich als erzieherische Maßnahme angesehen wird und das Opfer instrumentalisiert wird, um auf den Täter einzuwirken.

5.1.2 ALLPARTEILICHKEIT DER VERMITTLER

Der Vermittler hilft allen Konfliktparteien ihre jeweiligen Bedürfnisse und Interessen herauszuarbeiten und geltend zu machen. Allparteilichkeit bedeutet im Konfliktlösungsprozess, die Vorteile einer Einigung für beide Seiten zu suchen, die fair ist und mit der alle Konfliktparteien zufrieden sind. Der Vermittler ist daher nicht unbeteiligter Dritter, sondern aktiver Part, der beide Seiten gleichermaßen unterstützt. Er ist verantwortlich für den Prozess der Verständigung, die Konfliktparteien für den Inhalt. Es gehört daher zum Selbstverständnis des Vermittlers, dass er keine Entscheidungen für die Konfliktparteien trifft. Es gehört dennoch zu seiner Rolle, Machtunterschiede auszugleichen.

5.1.3 EINBEZIEHUNG ALLER KONFLIKTPARTEIEN

Nach Möglichkeit sollen Konflikte da gelöst werden, wo sie entstanden sind (außergerichtlich). Dazu gehört auch, diejenigen zu beteiligen, die vom Konflikt betroffen sind. Was sich einfach, logisch und konsequent anhört, gestaltet sich in der Praxis des TOA nicht einfach. Bei Gruppendelikten sind nicht selten Strafunmündige und Erwachsene beteiligt. Kann im Rahmen des Strafverfahrens ein TOA mit Jugendlichen und Heranwachsenden bei Vorliegen der Eignungskriterien recht unkompliziert durchgeführt werden, muss bei den anderen Tatbeteiligten folgendes beachtet werden:

- Mit Strafunmündigen kann formal kein TOA durchgeführt werden, weil die rechtliche Grundlage fehlt. Sie können nur auf freiwilliger Basis unter Einbeziehung der gesetzlichen Vertreter mitwirken. Im Vordergrund steht neben der Konfliktklärung der zivilrechtliche Aspekt, da Strafunmündige ab dem 7. Lebensjahr deliktfähig sind und für unerlaubte Handlungen verantwortlich gemacht werden können.
- Für Erwachsene ist die Jugendgerichtshilfe nicht zuständig. Auch hier gilt der freiwillige Ansatz. Des Weiteren besteht die Möglichkeit, bei Erwachsenen mit der Gerichtshilfe bei der Staatsanwaltschaft, mit einer Fachstelle für TOA und mit den Verteidigern zu kooperieren.

5.1.4 FREIWILLIGKEIT DER TEILNAHME

Freiwilligkeit ist das Kernprinzip der Mediation. Niemand soll zur Teilnahme an einer Mediation gezwungen werden. Ungeachtet der philosophischen bzw. neurologischen Frage, ob es einen freien Willen des Menschen überhaupt gibt, geht es um das Recht, sich für oder gegen die Mediation zu entscheiden. Basis ist die Motivation, dass die Mediation im konkreten Einzelfall mehr Vorteile bietet als jedes andere Verfahren. Was ist die Alternative zur Mediation? Im Strafverfahren ist die Alternative ein Gerichtsurteil mit einer Bestrafung oder zumindest einer höheren Strafe, aber auch die Hoffnung auf einen Freispruch. Freiwilligkeit wird in der Mediation als ein positives Argument angesehen. Für den Täter-Opfer-Ausgleich gilt dies nur bedingt: Der Täter kann sich zwischen „zwei Übeln" entscheiden: lehnt er den TOA ab, muss er mit einer Bestrafung rechnen. Stimmt er ihm zu, muss er sich mit seiner Tat, ihren Folgen und vor allem mit dem Geschädigten auseinander setzen. Ist der Täter geständig und zur Wiedergutmachung bereit, liegen die Vorteile darin, dass er mit der Einstellung des Verfahrens, zumindest mit einer milderen Strafe, mit keinen oder geringen Verfahrenskosten, mit dem Verzicht eines zeitaufwendigen und kostspieligen Zivilverfahrens rechnen kann. Vor allem ist er wie der Geschädigte Subjekt des Verfahrens und kann das Ergebnis beeinflussen.

Eine wichtige Voraussetzung zur freiwilligen Teilnahme an einem TOA ist die Zusage der Justiz, inwieweit ein gefundener Ausgleich beim Ausgang des Verfahrens berücksichtigt wird. Der Schwerpunkt sollte darin liegen, dass die Staatsanwaltschaft im Vorverfahren verbindlich erklärt, das Verfahren bei einem erfolgreichen TOA einzustellen.

5.1.5 SELBSTBESTIMMUNG UND EIGENVERANTWORTUNG

Auch die Selbstbestimmung und die Eigenverantwortung sind positive Merkmale der Mediation. Täter und Opfer bestimmen selbst, wie sie zu einer einvernehmlichen Lösung kommen. Eigenverantwortung bedeutet einerseits, dass sie sich selbst die Antworten auf ihre Fragen geben, andererseits bedeutet das auch, dass ihnen kein anderer die Verantwortung abnimmt, was in der Regel Staatsanwaltschaft und Gericht sind. Die „doppelte Konfrontation" mit der Tat und der Person der anderen Konfliktpartei (Täter/Opfer) kann auch belastend sein. Dennoch: Der Vorteil ist, dass die Konfliktparteien selbst eine tragfähige und dauerhafte Lösung ihres Konflikts mit der Unterstützung des Mediators erarbeiten, mit der sie am besten leben können.

Das Strafverfahren setzt zwar den rechtlichen Rahmen der Mediation, für die inhaltliche Lösung sind Täter und Opfer selbst verantwortlich.

5.1.6 DIE INFORMELLE UND AUSSERGERICHTLICHE EBENE

Die informelle und außergerichtliche Ebene ist ebenfalls ein Wesensmerkmal der Mediation. Wie schon an anderer Stelle beschrieben, soll der TOA weder dem Opfer noch dem Täter per Urteil auferlegt werden. Ausnahme: Täter und Opfer haben sich schon vor der Hauptverhandlung geeinigt und das vereinbarte Ergebnis – in der Regel eine Wiedergutmachungsleistung des Täters – wird durch das Urteil verbindlich und kann im Falle der Nichterfüllung sanktioniert werden. Das allerdings liegt in der Eigenverantwortung des Täters, eine gemachte Zusage einzuhalten, so dass es nicht zu einer Sanktion wegen Nichterfüllung kommen muss.

5.1.7 VERTRAULICHKEIT DER GESPRÄCHE UND GESCHÜTZTER RAHMEN

Gerichtsverhandlungen sind in der Regel öffentlich. Ausnahme: der Täter ist jugendlich und bei Gruppendelikten sind alle Angeklagten jugendlich. Sobald ein Angeklagter Heranwachsender oder Erwachsener ist, ist die Hauptverhandlung öffentlich. Mediationen finden nicht im Gerichtssaal statt. Die Gespräche sind vertraulich. Geschützter Rahmen bedeutet, dass keine schützenswerten Informationen an Dritte weitergegeben werden. Dies haben Mediatoren und Mediatorinnen einzuhalten. Allerdings muss vereinbart werden, welche Sachinformationen, meistens sind es Vereinbarungen als Ergebnis der Mediationen, die an die zuständigen Staatsanwaltschaften und Gerichte weitergegeben werden müssen.

5.1.8 OFFENHEIT UND INFORMIERTHEIT

Voraussetzung für einen fairen Prozess der Konfliktlösung und wechselseitigen Verständigung ist ein offener Umgang miteinander, bei dem alle relevanten Informationen ausgetauscht werden. Keiner darf dem anderen wichtige Informationen vorenthalten. Besonders wichtig sind Auskünfte über Verletzungen, Schäden, Atteste, Einkommensverhältnisse (insbesondere zur Frage der Leistungsfähigkeit des Täters), Art und Weise der eigenen Beteiligung, Versicherungen, anwaltliche Vertretung. Beim TOA liegt das meist im eigenen Interesse jedes einzelnen, da es unter anderem darum geht, belastende straf- und zivilrechtliche Verfahren zu vermeiden.

5.1.9 ZUKUNFTS- UND KONSENSORIENTIERUNG

Strafverfahren dienen meist der Klärung der Schuldfrage, um eine Tat aufzuklären und den Täter zu sanktionieren. Die Justiz hat das Interesse, die „objektive Wahrheit" herauszufinden und ihr Urteil zu bilden. Auch der TOA setzt einen klaren Sachverhalt oder einen hinreichenden Tatverdacht voraus. Als mediatives Verfahren kommt es vorrangig auf die „subjektiven Wahrheiten" der Konfliktparteien an, um ihren Konflikt zu klären und zu bereinigen. Wichtig ist dabei, wie sie den Konflikt im „Hier und Jetzt" sehen und was sie brauchen, um zu einer einvernehmlichen Lösung zu kommen. Der Vermittler achtet darauf, dass ausgehend von den aktuellen Sichtweisen und Positionen eine Vereinbarung getroffen wird, die auf der Basis der individuellen Bedürfnisse und Interessen eine Lösung darstellt, die breiten Konsens hat. Dieser ist dann gegeben, wenn alle Konfliktparteien mit der Lösung in hohem Maße zufrieden sind.

5.1.10 ERGEBNISOFFENHEIT

Ergebnisoffenheit ist nicht an Bedingungen gebunden, was am Ende herauskommen soll. So kann ein Täter nicht verlangen, dass er dem TOA zustimmt, wenn das Opfer seinen Strafantrag zurücknimmt. Ebenso wenig kann das Opfer verlangen, sich erst auf einen TOA einzulassen, wenn der Täter sich vorab verpflichtet, die Summe X zu zahlen.

Für die Justiz gilt insbesondere, bei ihrer Zustimmung zum TOA ebenfalls keine inhaltlichen Vorgaben zu machen. Sie sollte das als Ausgleich akzeptieren, was die Konfliktparteien im Verlauf des TOA als Ergebnis herausgearbeitet haben.

Der Kerngedanke der Mediation, Lösungen auf der Grundlage der individuellen Bedürfnisse und Interessen zu entwickeln, steht dem Anspruch entgegen, Recht zu haben, seine Rechte gegenüber dem anderen durchzusetzen und am Ende zu gewinnen, während der andere verliert.

Beim Rechthaben werden die eigene Wahrnehmung, die eigene Interpretation und Position als „wahr" und die einzig richtigen hingestellt. Es ist unvorstellbar, dass die Position des anderen ebenso richtig oder sogar zutreffender sein kann.

Rechthaben ist eine Mischung aus zwei Dingen:

1. Alle Argumente sind so abgestimmt, dass sie die jeweils eigene These stützen. Man erweist sich als immun gegen Angriffe.

2. Um Recht zu haben, richtet man seine Wahrnehmungen und Informationen so aus, dass sie die eigene Position stützen. Man lässt weg, was einem nicht passt (Tunnelblick). Dazu gehört auch der Versuch, den anderen als unglaubwürdig darzustellen.

Auch der gute Wille schützt nicht vor dem Kampf der Argumente.

Rechthaben ist nicht objektive, sondern „subjektive Wahrheit".
Das Ziel: Gerechtigkeit

Die Argumentationsmethode zielt darauf ab, dass man in jeder Phase Recht hat. Die Konfliktparteien nutzen nicht all ihre kreative Energie, um gemeinsam bessere Ideen zu entwickeln.

Die Art und Weise der Verfahrenserledigung darf nicht selbst zum Konflikt werden,
der den ursprünglichen Konflikt noch verschärft.

Gemeinsame Konfliktlösung soll die Motivation fördern, die Interessen des Konfliktpartners ernst zu nehmen und sie in eine neue Lösung zu integrieren, statt sie anzugreifen. Dabei werden Beschuldigte und Geschädigte von einer Mediatorin bzw. einem Mediator unterstützt.

5.2.1 DIE ALLGEMEINEN ZIELE DER ARGUMENTATION

Nicht übersehen werden dürfen die **allgemeinen und positiven Ziele** der Argumentation, wie

- eine Erforschung des Sachverhalts zu erreichen,
- die eigene Auffassung darzustellen und die andere Ansicht zu erschließen,
- beide Ansichten weiter (in die Zukunft) und tiefer (in das Wertgefüge) zu entwickeln,
- Meinungsunterschiede deutlich zu machen,
- zu zeigen, dass beide Auffassungen unter veränderten Umständen ihre Berechtigung haben können,
- die ganze Sache an Gewicht gewinnen zu lassen und zu erweitern,
- jemandem dazu zu verhelfen, etwas in einem anderen Licht zu sehen,
- eine auf Einsicht basierende Änderung einer Ansicht zu bewirken.

> **Das am meisten erwünschte Ergebnis**
> **ist die Änderung einer Auffassung aus Einsicht.**

Eine Alternative zum „Rechthaben" und dem „Kampf der besseren Argumente" ist die konstruktive Erkundung der Situation mit dem Ziel, einen Lösungsweg zu entwerfen.

> **Konfliktlösung bedeutet nicht Vergangenheitsbewältigung,**
> **sondern gemeinsames Gestalten der zukünftigen Beziehung.**

5.3 DAS GESPRÄCH AM „RUNDEN TISCH"

Das Respektieren der subjektiven Sichtweisen kommt den Interessen und Bedürfnissen der Konfliktparteien entgegen und fördert eine einvernehmliche Regelung.

Die direkte Kommunikation durch die gemeinsame Aussprache über die Tat und ihre Folgen aus den unterschiedlichen Blickwinkeln heraus wird durch ein Gespräch am „runden Tisch" gewährleistet.

Faires Verhandeln am runden Tisch bedeutet zunächst doppelte Konfrontation für die Betroffenen:

a) mit der Person des Konfliktpartners
b) mit dem Konflikt.

Es ist hier mit erheblicher emotionaler Anspannung und Entladung zu rechnen. Dies auszuhalten, wird vom Mediator erwartet. Der Vorteil liegt zum einen in der Offenlegung des Konflikts, zum anderen signalisiert diese Dynamik ein hohes Potenzial an Energien und Ressourcen.

Der direkte Kontakt hebt die zwischenmenschliche Anonymität auf, mit der sich ansonsten „hervorragend streiten" lässt. Persönliche Begegnung bietet die Chance, aufeinander einzugehen und unmittelbar auf Gesagtes Bezug zu nehmen. Es liegt nicht zuletzt am Geschick des Vermittlers, mit den Beteiligten Gemeinsamkeiten für eine solide Verhandlungsbasis zu Tage zu fördern. Von ihm wird ein hohes Maß an Integrationsfähigkeit erwartet.

Der Vermittler ist weder Schiedsmann, Richter, Unterhändler oder Anwalt. Er ist neutral und ausschließlich konfliktorientiert. Er wirkt wie ein Katalysator, mit dessen Hilfe die Parteien in die Lage versetzt werden sollen, ihre Konflikte zukunftsbezogen, gemeinsam und eigenständig zu lösen. Vermittlung ist ein freiwilliger, von Gerichten unabhängiger und vertraulicher Prozess.

Mediation bewirkt folgende (weitere) Vorteile:

* Fairness statt Kampf
* intensive Kurzintervention („keine Therapie")
* Konfliktregelung dort, wo der Konflikt entstanden ist (zwischen den Beteiligten)
* ein Ausgleichsverfahren, eine Lösung
* Lösungen entwerfen statt Argumentieren
* Förderung von Kreativität und Phantasie
* sofort einsetzbar
* kostengünstig
* keine Beweisaufnahme, keine Schuldzuweisung
* zwischenmenschliche Lösungen ohne Gefährdung der persönlichen Rechte
* Angebotscharakter, Ausstieg jederzeit möglich.

> **Mediation ist eine Methode,**
>
> **die durch die Unterstützung eines neutralen Vermittlers**
>
> **die zwischenmenschliche Beziehung fördert**
>
> **und dabei psychische, soziale und wirtschaftliche Beeinträchtigungen**
>
> **ausgleicht bzw. mildert.**
>
> **Die Autonomie und die Rechte der Betroffenen werden gewahrt.**

> **Mediation ist jederzeit möglich:**
>
> **Vor, während, nach und vor allem s t a t t einer gerichtlichen Auseinandersetzung.**

Mediation erfordert nicht nur ein umfangreiches, psychologisches und methodisches Fachwissen, sondern auch die Fähigkeit, gut zuzuhören, Einfühlungsvermögen und Belastbarkeit.

> **Der Vermittler ist neutral und von den Parteien nicht autorisiert,**
>
> **für sie Entscheidungen zu treffen.**

In einer Kurzfassung werden auf der folgenden Seite die Anforderungen an einen kompetenten Vermittler beschrieben.

5.4   DIE ROLLE DES MEDIATORS

Die Mediatiorin/der Mediator

- muss von allen Konfliktbeteiligten akzeptiert und respektiert werden
- sorgt für eine vertrauensvolle und geschützte Atmosphäre
- ist neutral: Sie/er hat kein persönliches Interesse am Ergebnis
- ist allparteilich: Sie/er setzt sich für die Interessen aller Beteiligten ein
- urteilt und bewertet nicht
- trifft keine Entscheidungen für die Beteiligten
- eigene Lösungsvorschläge sind Möglichkeiten von vielen

- ist verantwortlich für die Kommunikation und deren Verlauf
- die Betroffenen für den Inhalt
- hilft den Beteiligten, sich über ihre Gefühle und Interessen klar zu werden
- achtet auf realistische und nutzvolle Vereinbarungen
- kann das Gespräch von sich aus abbrechen
- steht den Beteiligten in einem Rechtsstreit nicht als Zeugin/Zeuge zur Verfügung

---

Die wesentliche Aufgabe besteht darin, die Konfliktbeteiligten

in einen guten Zustand zu bringen und zu halten,

damit sie ressourcevoll miteinander sprechen und verhandeln können.

5.4.1 HILFREICHE GRUNDANNAHMEN FÜR DIE GESPRÄCHSFÜHRUNG

Folgende Grundregeln der Gesprächsführung und Annahmen können dem Vermittler helfen:

1. Jede beteiligte Partei ist in ihrer Subjektivität zu respektieren. Sie nimmt am Prozess der Konfliktlösung mit voller Berechtigung ihres jeweiligen Anliegens teil.

2. Zu Beginn der Gespräche ist darauf hinzuwirken, dass die Gesprächspartner in eine gute, wechselseitige Beziehung zueinander kommen. Dies kann der Vermittler z.B. erreichen, indem er deren Erscheinen als erstes wichtiges Zeichen zum Erreichen des gemeinsamen Zieles hervorhebt.

3. Es geht nicht um „Recht haben" und „Recht bekommen." Gesucht wird nicht die objektive Wahrheit. Somit stellt sich nicht die Frage nach Sieg oder Niederlage. Im Vordergrund steht die Erkundung der individuellen Interessen und Bedürfnisse.
   Beide Parteien sollen mit dem Gefühl herausgehen, jeweils verstanden worden zu sein und gewonnen zu haben (Win-Win-Lösung).

4. Der Vermittler urteilt nicht darüber, ob ein bestimmtes Verhalten positiv oder negativ ist. Jedes Verhalten kann in einem bestimmten Kontext gut und richtig sein. Es hat einen positiven Ansatz, sonst würde man sich nicht in der gezeigten Weise verhalten.
   Diesen positiven Ansatz gilt es zu erkunden („Was wolltest du damit erreichen?"). So kommt es bei der Tataufarbeitung nicht darauf an, das gezeigte Verhalten der Tat zu

verurteilen. Wichtig ist, zu dem gezeigten Verhalten Alternativen aufzuzeigen, um das Handlungsrepertoire zu erweitern.

5. Sobald ein Ereignis passiert ist, ist es beendet. Wir können nicht mehr zurückgehen und es verändern. Danach reagieren wir nicht mehr auf das Ereignis (als solches), sondern auf unsere Erinnerung an das Ereignis. Die Bedeutung und Bewertung dieses Ereignisses können allerdings verändert werden.

6. Für den Vermittler gibt es kein Fehlverhalten oder Unvermögen auf der Seite der Gesprächspartner. Er stellt sich auf deren unterschiedliche Lebenswirklichkeiten ein.

7. Widerspruch ist eine Form von Kooperation, ein „Ja" mit Bedingungen. Diese gilt es herauszuarbeiten.

8. Der Vermittler sollte die Worte „warum" und „aber" in einem Gespräch nicht verwenden. „Warum" fordert Rechtfertigungen nahezu heraus und suggeriert, dass es für das unerwünschte Verhalten eine eindeutige Ursache gäbe. „Aber" schränkt das Gesagte ein und suggeriert Kritik bzw. Widerspruch. Besser ist, das Wort „aber" durch „und" zu ersetzen. „Und" ist neutral und erweitert das Gesagte.

Beispiel: Statt „warum hast du ihn geschlagen?": „Wie ist es dazu gekommen, dass du ihn geschlagen hast?" – Statt „Du siehst dein Fehlverhalten ein, aber hast dich bis heute nicht dafür entschuldigt" – „Du siehst dein Fehlverhalten ein und ich möchte dir die Gelegenheit geben, dich dafür zu entschuldigen, wenn du möchtest."

9. Vorwürfe sind verunglückte Wünsche. Sie stellen eine Botschaft zur Verbesserung der Beziehung dar, allerdings unglücklich übermittelt. Der Vorwurf „Du hast einfach zugeschlagen!" beinhaltet die Erwartung, in einer konkreten Situation sich so zu verhalten, dass die Beziehung nicht beeinträchtigt wird, z. B. Reden, um die Situation zu klären, statt zu schlagen.

10. Der Vermittler sorgt dafür, dass Vorwürfe in Wünsche, Erwartungen oder Forderungen positiv umformuliert werden. Daher sollte das Wort „nicht" nicht vorkommen. Das Ziel muss klar bestimmt und vorstellbar sein. Der Beschuldigte muss aus eigenen Kräften in der Lage sein, eine Vereinbarung zu erfüllen (vgl. 9).

11. Der Konfliktlösungsprozess ist zukunftsorientiert. Das „Wühlen in der Vergangenheit" sollte nur soweit erfolgen, wie es für die gegenseitige Information sowie für die

Bestimmung von Positionen und Zielvorstellungen notwendig ist. Das Vermitteln ist wie Fahren im Auto: Die Windschutzscheibe für das Vorausschauen ist deutlich größer als das Heckfenster, um nach hinten zu sehen!

5.5 VERHANDELN HEISST: FAIR HANDELN

Eine auf einvernehmliche Lösung zielende Kommunikation setzt nicht nur Verhandeln als Methode voraus. So wie man selbst als Person und seine Position mit Respekt behandelt werden möchte, so gilt dies gleichermaßen für den Umgang mit dem anderen. Dies ist in besonders schwierigen und festgefahrenen Situationen selbst für Mediatoren nicht einfach umzusetzen, schon gar nicht für die Betroffenen selbst. Faires Verhalten ist dabei unabdingbar.

Wertvolle Hinweise für konstruktives Verhalten in Konflikt- und Verhandlungssituationen liefert das **„Harvard-Konzept"** von **Fisher/Ury**.[18] Das Konzept beruht auf dem „Harvard Negotiation Project" der Harvard-Universität in Cambridge/USA.

Das Harvard-Konzept wurde als ergebnisorientierte Methode des Verhandelns entwickelt. Das dahinter stehende Prinzip formulierte der amerikanische Rechtswissenschaftler Roger Fisher im Jahr 1981 gemeinsam mit William L. Ury in dem Buch *Getting to Yes* (dt. *Das Harvard-Konzept*). Im Vordergrund steht der größtmögliche beiderseitige Nutzen, also eine typische Win-Win-Strategie. Neben der sachlichen Übereinkunft soll für beide Verhandlungsseiten auch die persönliche Beziehung gewahrt bleiben.
Das Harvard-Konzept unterscheidet bewusst zwischen zwei Kommunikations-Ebenen, nämlich der des Sachinhaltes (also der zu verhandelnden Übereinkunft an sich) und der Verhandlungsführung (der Meta-Ebene).

Um den Anforderungen beider Ebenen gerecht zu werden, lassen sich folgende 10 Leit-Ideen herausstellen. Sie gelten auch für erfolgreiche Konfliktlösungen:

---

[18] Fisher, R., Ury, W., Patton, W. (1993): Das Harvard-Konzept. Sachgerecht verhandeln – erfolgreich verhandeln. Frankfurt am Main/New York, S. 40 ff.

1. Konfliktpartner sind zuallererst Menschen

Der Gesprächspartner ist nicht einfach der Repräsentant einer ihm zugeschriebenen Rolle. Stereotypisch: Täter oder Opfer. Er ist ein Mensch, der von Gefühlen und von tief verwurzelten Werten geleitet wird. Jeder Mensch lebt seine individuelle Lebensgeschichte.

In einem persönlichen Verhältnis, das sowohl durch Nähe als auch Distanz geprägt ist, erleichtern Respekt und Achtung, Vertrauen, Freundschaft und Wertschätzung, den Umgang miteinander. Er wird erschwert, wenn Menschen wütend, ärgerlich, ängstlich, frustriert, beleidigt, niedergeschlagen oder ohnmächtig und hilflos sind. Denn: Die Würde des Menschen ist unantastbar!

Mediatoren achten darauf, dass die menschlichen Aspekte bei den Medianten erkannt und beachtet werden.

2. Reden Sie über sich, nicht über die Gegenseite

Konfliktgespräche drohen sich zu verschärfen oder gar zu eskalieren, wenn zugelassen wird, dass mit „Du-Botschaften" auf Mitteilungen geantwortet wird: Du musst, Du sollst, Du darfst, Du kannst nicht, ... Ansichten über den Gesprächspartner sind häufig Interpretationen, Behauptungen, oder Unterstellungen, die verletzen und den eigenen gefühlsmäßigen Hintergrund nicht oder zu wenig erhellen.

Der Mediatior hilft den Gesprächspartnern, bewusst miteinander über den eigenen Gefühlszustand zu berichten: Ich fühle mich ..., ich denke, dass ..., ich will..., ich befürchte, dass ....! Die eigene Gefühlsreaktion ist nicht zu widerlegen. Sie kommt nicht als Vorwurf an und zwingt somit nicht zu wechselseitigen Rechtfertigungen, die den Streit aufrechterhalten.

3. Der Gegenseite gestatten, Dampf abzulassen

Verärgerung, Enttäuschung, Zweifel, Unsicherheit oder Wut: fast alle negativen Gefühle drängen danach, herausgelassen zu werden. Oft brauchen beide Gesprächspartner ein Ventil, um den inneren Druck oder die Anspannung zuerst einmal zu lösen. Dies gilt insbesondere für die erste Begegnung zwischen Beschuldigten und Geschädigten nach der Tat: Im Ausgleichsgespräch.

Die Aufgabe des Mediators besteht darin, den äußeren und den inneren Raum mit den Gesprächspartnern zu schaffen, den aufgestauten Ärger bzw. die persönliche Stimmung (Trauer und Leid, Enttäuschung und Wut) mitzuteilen. Bei der Gesprächsführung ist darauf zu achten, dass Polemik, verbale Entgleisungen, Beleidigungen, Drohungen, sowie eine den anderen verletzende Mimik oder Gestik vermieden werden.

4. Interessen herausfinden und formulieren, nicht um Positionen feilschen.

Hinter Positionen stehen Interessen. Eine Position gibt für sich gesehen lediglich ein einseitig gewünschtes Ergebnis wieder, das oftmals konträr zu dem des Gesprächspartners steht. Der Beschuldigte möchte nicht bestraft werden. Der Geschädigte hofft auf eine empfindliche Strafe des Täters.

Der Mediator hat die Aufgabe, die konträren Positionen durch Klärung der dahinter liegenden Interessen zu erhellen und soweit wie möglich im Gespräch gemeinsame Lösungen zu erarbeiten. So kann der Beschuldigte auf eine milde Sanktion oder gar auf die Einstellung des Verfahrens hoffen, wenn er auf die Interessen und Wünsche des Geschädigten eingeht. Der Geschädigte rückt oft von seinem Strafbedürfnis ab, wenn er erkennt, dass der Beschuldigte sich ernsthaft um eine Wiedergutmachung bemüht.

Dabei wird die jeweilige Position als Ausgangspunkt für die weitere Verhandlung angesehen.

5. Auch unbegründete Ängste sind real

Ängste lassen sich nicht verbal abschieben: Sie nicht ernst zu nehmen, falsch zu bewerten oder zu missachten, erzeugt das Gefühl, nicht verstanden zu werden. Oft tiefer sitzende Ängste mögen aus der Sicht des einen Gesprächspartners unbegründet sein, bei dem anderen existieren sie wirklich. Sie sind meist sehr unbewusst und man nimmt sie als „Bauchschmerzen", „Kopfzerbrechen", Bedenken oder Unentschlossenheit sowohl sprachlich als auch nonverbal in Mimik und Gestik wahr. So haben Geschädigte oft Angst, dem Beschuldigten „auf der Straße" wieder zu begegnen. Diese Befürchtung kann nicht damit abgetan werden, dass der Beschuldigte bisher nicht aufgefallen ist und ansonsten ein straffreies Leben geführt hat.

Der Mediator soll diese persönlichen und objektiv nicht bewertbaren Ängste wahrnehmen, ernst nehmen, benennen und zum Bestandteil des Gespräches werden lassen. So wird er verhindern, dass durch missachtete Ängste Konfliktlösungen erschwert werden.

---

6. Verhandeln heißt: Das Problem angehen, nicht den Menschen

Im Täter-Opfer-Ausgleich geht es um die Straftat und ihre Folgen. Der Beschuldigte hat eine andere Sicht als der Geschädigte. Geht es um unterschiedliche Meinungen und Interessen, werden allzu leicht Menschen und Probleme vermischt.

Ein ausgesprochener Vorwurf: „Du bist Schuld, dass ..." richtet sich direkt an den Menschen, die Personen werden somit selbst zum Problem. Im Vordergrund steht, Verantwortung für sein Verhalten zu übernehmen.

In der Mediation gilt es, den Focus distanziert von den Menschen, auf das tatsächliche Problem zu richten und gemeinsam nach Konfliktlösungen zu suchen und sich zu verständigen. Hilfreich ist daher, das Problem von den Personen zu trennen.

---

7. Je härter in der Sache, desto sanfter zu den Menschen

Für manche Menschen besteht Verhandlungstaktik darin, hart und kompromisslos zu sein. Andere vertreten die weiche Linie und machen auch allzu leicht Zugeständnisse in der Sache, um mangelnde Selbstsicherheit auszugleichen. Beide Haltungen können ein zufrieden stellendes Ergebnis gefährden.

Zeigen Sie Flexibilität, indem Sie Ihre Interessen geltend machen, ohne zu erpressen oder sich erpressen zu lassen. Leugnen Sie nicht Ihre Überzeugungen und Werte.

Verweigert ein Vorgesetzter unerbittlich eine Gehaltserhöhung, weil die Firma sich das nicht leisten kann, so kann er sich dennoch bemühen, dem Mitarbeiter auf anderem Wege die Anerkennung zu gewähren, die er sich durch mehr Geld versprochen hat.

Eine Faustregel besteht darin, dass man den Menschen auf der Gegenseite persönliche Hilfe in genau derselben Stärke zuteilwerden lässt, in der man das Problem selbst attackiert.

8. Nach Vorteilen für beide Seiten suchen

Beim Verhandeln verfolgt jeder der Gesprächs- und Verhandlungspartner sein Ziel. Ziele sollen im Ergebnis konkrete Vorteile bewirken. Nicht vereinbare, unterschiedliche Sichtweisen minimieren die Konfliktlösung und damit auch die persönlichen Vorteile.

Durch die Mediation können die Gesprächspartner zur Zusammenarbeit motiviert werden. Sie werden angeregt, die Interessen des jeweils anderen als gleichberechtigt zu akzeptieren. Beide Gesprächspartner werden somit nicht nur die eigenen, sondern auch die Vorteile des anderen mitverhandeln.

Das Ziel des Beschuldigten, nicht verurteilt zu werden, steht nicht im Widerspruch zu dem Wunsch des Geschädigten, ernst genommen und angemessen entschädigt zu werden.

9. Nach fairen Kriterien suchen

Faire Kriterien können u. a. Gesprächsregeln, Gesetze und Verordnungen, Tarifverträge, Gutachten, Lebenserfahrungen, unbeteiligte Dritte oder auch gemeinsam erstellte Kriterien sein.

Dem Mediator fällt die Aufgabe zu, die Gesprächspartner anzuregen, im Konfliktfall gemeinsam nach objektiven Kriterien zu suchen und sich darauf zu verständigen.

> # 10. Die beste Alternative suchen

Man befindet sich in einer guten Verhandlungsposition, wenn man Wahlmöglichkeiten hat. Je nach Situation sollte man sich darüber im Klaren sein, welche die „Beste" ist. Je mehr Wahlmöglichkeiten ich habe, desto flexibler bin ich, um meine Ziele bei veränderten Bedingungen zu erreichen. Im Umgang mit den Gesprächspartnern frage ich mich nicht nur, was das beste Ergebnis für mich ist, wenn wir uns einigen, sondern auch: Was sind die Alternativen, wenn wir uns nicht einigen?

Wichtig bei der besten Alternative ist, dass auch sie sich an den Bedürfnissen und Interessen orientiert.

Die „beste Alternative" ist nicht nur ein Maßstab für den größtmöglichen Vorteil, sondern sie bietet auch genügend Flexibilität für die Erkundung kreativer Lösungen.

5.6 DIE PHASEN UND INTERVENTIONEN DER MEDIATION IM STRAFRECHT

5.6.1 DER TÄTER-OPFER-AUSGLEICH: MEDIATION IM STRAFRECHT

Die Mediation verläuft grundsätzlich strukturiert in fünf aufeinander folgenden Phasen. Die Übergänge sind oft fließend.

Diese Abfolge der Phasen setzt in der Regel von Beginn an gemeinsame Gespräche zwischen den Konfliktparteien voraus. Dies ist vor allem beim Täter-Opfer-Ausgleich anders. Getrennte Vorgespräche gehören hier zum Konzept. Im Folgenden werden die Phasen der Mediation in den chronologischen Verlauf des TOA integriert. Dazu gehören die **Vorbereitungsphase** mit Falleingang, Prüfung der Eignungskriterien sowie getrennte Vorgespräche mit den Konfliktparteien. Die Kontaktaufnahme erfolgt in den meisten Mediationsfeldern durch die Konfliktparteien selbst. Beim TOA geschieht dies meist durch den Vermittler, der seinerseits durch die Justiz oder JGH den Auftrag dazu erhält.

Die eigentliche Vermittlungstätigkeit erfolgt im **Ausgleichsgespräch**, zu dem Täter und Opfer erstmals gemeinsam erscheinen. Bedingt durch die Schwere des Konfliktes, die Art der

Beteiligung der Konfliktpartner, ihre Verstrickung, dem Grad der (meist gestörten) Beziehung, der emotionalen Belastung, der vorhandenen Blockaden und nicht zuletzt der oft unbewusst eingesetzten destruktiven Verhaltensmuster hat der Mediator die Aufgabe, die Konfliktparteien darin zu ermutigen und zu fördern, konstruktiv miteinander umzugehen und ihre Motivation zur aktiven Mitwirkung beständig zu fördern.

Je nach Gesprächssituation sind immer wieder gezielte Interventionen erforderlich.

Zur **Abschlussphase** des TOA gehört die Überwachung der erzielten Vereinbarung und die Berichterstattung an die Justiz bzw. JGH.

So stellt sich im TOA der Phasenverlauf wie folgt dar:

Vorbereitungsphase

Falleingang; Prüfung der Eignungskriterien, Vorgespräche, Auftragsklärung

Ausgleichsgespräch (direkte Vermittlung/Mediation)

1. Begrüßung/Einleitung
2. Konfliktdarstellung/Regelbedürftige Punkte klären
3. Konflikterhellung/Erkundung der Positionen und Interessen
4. Der Entwurf von Lösungen
5. Die Übereinkunft

Abschlussphase

Überwachung der Vereinbarung, Bericht an die Justiz/JGH

5.6.2 VORBEREITUNGSPHASE

1. **Eingang des Falles (Ermittlungsakte/Anklageschrift)**

   - Prüfung der Eignungskriterien
   - Vorgespräche mit dem/der Beschuldigten
   - Vorgespräch mit dem/der Geschädigten

2. Einladung des Beschuldigten zum Vorgespräch

- Begrüßen
- Verfahrensstand erläutern
- Info: Was ist Täter-Opfer-Ausgleich/Mediation? – Vorteile/Grenzen aufzeigen
- Rolle des Mediators erklären
- Sichtweise des Beschuldigten abfragen
- Bereitschaft zur Mitwirkung/Erwartungen abfragen
- Nächste Schritte, z.B. mit Eltern und/oder Rechtsanwalt sprechen
- evtl. Unterlagen, Dokumente beschaffen zum Ausgleichsgespräch.

Mögliche Interventionen:

- Freiwilligkeit betonen/Angst vor Erfolgsdruck nehmen
- Autonomie stärken

3. Einladung des Geschädigten zum Vorgespräch

- Begrüßen
- Verfahrensstand erläutern
- Info: Was ist Täter-Opfer-Ausgleich/Mediation? – Vorteile/Grenzen aufzeigen
- Rolle des Mediators erklären
- Sichtweise des Geschädigten abfragen
- Bereitschaft zur Mitwirkung/Erwartungen abfragen
- Nächste Schritte, z.B. Termin zum Ausgleichsgespräch vorschlagen
- evtl. Unterlagen, Dokumente beschaffen zum Ausgleichsgespräch, mit Eltern und/oder Rechtsanwalt sprechen

Mögliche Interventionen:

- Freiwilligkeit betonen/Angst vor Erfolgsdruck nehmen
- Autonomie stärken

4. Einladung der Konfliktbeteiligten zum Ausgleichsgespräch

- schriftliche Einladung
- telefonische Terminabsprache

5.6.3 HAUPTPHASE – DAS AUSGLEICHSGESPRÄCH

1.   Begrüßung/Einleitung

- Begrüßen

- Ziele verdeutlichen

- Neutralität und Allparteilichkeit des Mediators betonen

- Vereinbarung von Grundregeln (z. B. Ausreden lassen – nicht beleidigen, über sich reden – der Gegenseite nichts unterstellen)

- Einigen, wer zuerst anfängt, seine Sichtweise zu äußern

Mögliche Interventionen:

- Freiwilligkeit betonen/Angst vor Erfolgsdruck nehmen,

- geschützte Atmosphäre schaffen,

- Autonomie stärken

2.   Konfliktdarstellung/Klären der regelbedürftigen Punkte

- Nacheinander äußeren Verlauf der Tat darlegen

- Sammeln der Streitpunkte

- Emotionale Bedeutung klären

- Ordnen nach Prioritäten/Rangliste

- Herausarbeiten der Gemeinsamkeiten und der Unterschiede

- gemeinsamen Zielrahmen bestimmen (z.B. Ruhe haben), der auch

- in festgefahrenen Situationen den Maßstab für Lösungen darstellt und ständiger Orientierungspunkt ist

Mögliche Interventionen:

- Gleicher Informationsstand/Transparenz

- Hinweis auf verdeckte Konfliktfelder

- Autonomie stärken

3. Konflikterhellung/Erkundung der Positionen und Interessen

- subjektive Sichtweisen, Hintergründe, Überzeugungen und Werte darstellen
- unterschiedliche Perspektiven und Wahrnehmungen verstehen; nicht nach der
- „objektiven Wahrheit" suchen
- Position als Ausgangspunkt für die Erkundung von Lösungen ansehen

Mögliche Interventionen:

- mit Gemeinsamkeiten anfangen
- nicht um Positionen feilschen, sondern die ihnen zu Grunde liegenden Interessen erkunden
- Ängste ernst nehmen
- darauf achten, dass die Parteien über sich reden, nicht über die Gegenseite

4. Der Entwurf von Lösungen

Ein kreativer Prozess: Das Ergebnis ist offen; es werden neue Ideen entwickelt statt in den bestehenden Grenzen („Positionen") zu bleiben und unbefriedigende („faule") Kompromisse zu schließen.

- Klären: Was soll mit der Lösung erreicht/sichergestellt werden? Z.B. Beschuldigter: Fairness; Geschädigter: Handlungsfähigkeit wieder erlangen; daher werden Lösungsvorschläge dahin überprüft, ob sie beide Ziele abdecken: Gemeinsamen Zielrahmen festlegen: Die Lösung soll fair sein und die Handlungsfähigkeit fördern.
- Vorschläge erarbeiten:
  - Brainstorming: Ideen fördern; zunächst nicht bewerten
  - kreative, ungewöhnliche oder provokante Vorschläge zulassen
  - Projektion: Was wäre, wenn dies so in der Zukunft gemacht würde?
  - Behandlung von Einwänden: Ein „Ja" mit Bedingungen; diese Einwände werden selbst als Wunsch behandelt, über den verhandelt werden muss
  - Informations-Check: Weiß der/die andere, was er/sie zu tun hat, um den Wunsch zu erfüllen bzw. der Lösung zuzustimmen?
  - erst informieren, dann entscheiden/zustimmen

<u>Mögliche Interventionen:</u>

- ermutigen, Vorschläge/Ideen oder Wünsche/Forderungen/Erwartungen zu äußern
- eingefahrene Verhaltensmuster („Schleifen") auflösen
- puffern (Situation auffangen u. Spannung heraus nehmen), wenn durch bestimmte Äußerungen oder Verhaltensweisen Problem-Physiologien (Gesichts- oder Körperausdruck) erzeugt werden, z.B. Beschuldigter sagt etwas, Geschädigte/r weint
- alle Beteiligten in einen guten, ressourcevollen Zustand bringen und halten
- nach fairen Kriterien suchen, z.B. Gesetze, Urteile, Rechtsanwalt/in hinzuziehen bei juristischen Fragen
- „Ökologie-Check" (Verträglichkeits-Prüfung): Worauf muss bei der Umsetzung geachtet werden; wird etwas gefährdet (unerwünschte Nebenwirkungen)?
- Des Teufels Advokat spielen (der „Super-GAU"): Welche Personen, Orte, Situationen, Umstände können die Lösung zum Kippen bringen?
- evtl. nachverhandeln, ausbessern

5.   Die Übereinkunft

- Vereinbarungen formulieren
- (evtl. vorläufiges) schriftliches Memorandum, Protokoll
- bei Bedarf: Juristische Prüfung/Umformulierung
- Besiegelungsritual, z. B. Handschlag
- Termin zur Überprüfung der Vereinbarung festlegen

<u>Mögliche Interventionen:</u>

- Angenehme Bedingungen schaffen
- den Blick auf die Zukunft richten; welche Chancen und Perspektiven tun sich auf?

Bericht an Justiz/JGH:

- Ergebnis mitteilen
- evtl. um Fristverlängerung bitten
- evtl. Sachstandsmitteilung

Überwachung der Vereinbarung

- Anfrage beim Geschädigten
- Nachfrage beim Beschuldigten
- evtl. persönliches Gespräch
- evtl. weitere Beratung/Vermittlung

KAPITEL VI

METHODEN UND TECHNIKEN

Täter-Opfer-Ausgleich ist Mediation im Strafrecht. Voraussetzung ist, dass auch Mediation „drin ist", wenn Täter-Opfer-Ausgleich „draufsteht." Die Vermittlung bei einer rein materiellen Schadenswiedergutmachung genügt nicht. Das wäre Etikettenschwindel. In der Regel setzt die Vermittlung einen noch regelbedürftigen zwischenmenschlichen Konflikt voraus. Dieser kann unabhängig von der Art und Schwere des Deliktes sein.

In der Praxis kommt es vor, dass der Vermittler sich bei einer (bloßen) Beleidigung die „Zähne ausbeißen" kann, während er in einem anderen Fall des Raubes „wenig zu knabbern" hat. Das hängt davon ab, wie die Betroffenen ihren Konflikt definieren und wie sich ihre Beziehung zueinander gestaltet. Ist sie in hohem Maße belastet oder gar destruktiv, hängt es oftmals nicht vom guten Willen der Konfliktparteien ab, ob der Prozess der Verständigung zum Erfolg oder zum Scheitern führt. Um ein hohes Maß an Kompetenz einzubringen, sollte der Vermittler in jeder Phase des TOA in der Lage sein, adäquat zu intervenieren. Dazu benötigt er ein Mindestmaß an theoretischem Wissen, das er mit praktischen Fähigkeiten und Fertigkeiten einbringt.

Insbesondere in der Familien-Mediation, in der meist hochstrittige und komplexe Konflikte geregelt und gelöst werden müssen, vor allem wenn Kinder betroffen sind, ist eine derart hohe Vermittlungskompetenz unerlässlich. In ihrem Buch „Familien-Mediation und Kinder"[19] vermitteln die Autor/innen Diez, Krabbe und Thomsen die wesentlichen Grundlagen, Methoden und Techniken. Diese werden übersichtlich in einem von ihnen so genannten Prozessleitplan systematisch dargestellt. Es war für uns eine willkommene Herausforderung, diesen Prozessleitplan zu einem Leitfaden für die „Mediation im Strafrecht" umzuschreiben – mit ausdrücklicher Genehmigung von Hannelore Diez.

---

[19] Diez, H., Krabbe, H., Thomsen, C. S. (2002): Familien-Mediation und Kinder. Köln.

Dieser Prozessleitplan für den TOA untermauert zum einen, dass TOA anspruchsvolle Mediation ist. Zum anderen soll er den Vermittlerinnen und Vermittlern als Leitfaden dienen. Er befindet sich am Ende dieses Buches.

6.1 DER PROZESSLEITPLAN

Der Prozessleitplan ist chronologisch nach den aufeinanderfolgenden Phasen aufgebaut. Jede Phase ist untergliedert in die drei Spalten

- Kriterien
- Techniken/Interventionen und
- Hintergrundwissen.

Das Ausgleichsgespräch ist der Übersichtlichkeit wegen in drei Stufen aufgeteilt: Einstiegs-, Haupt- und Abschlussphase. Die Hauptphase beinhaltet die typischen Stufen der Mediation.

Die mittlere Spalte zeigt die für jede Phase bedeutsamen Techniken/Interventionen auf. Diese können aus kurzen Sätzen oder Fragen bestehen. Dabei ist zu beachten, dass der Mediator nicht den Hauptanteil der Kommunikation durch ständiges Fragen oder Intervenieren übernimmt. Er soll so wenig wie möglich und dennoch so viel wie nötig steuern. Dazu dienen die nach unserer Auffassung wichtigsten Frage- und Gesprächstechniken, die den Prozess der Verständigung besonders voranbringen können. Das gilt sowohl für den einfachen Konfliktfall als auch für komplexe Fälle, z.B. bei Gruppen.

Die grauen Felder rechts zeigen das Hintergrundwissen an, mit dem sowohl die theoretischen Kenntnisse als auch methodischen Anforderungen gemeint sind. Diese muss sich der Vermittler in einer fundierten Ausbildung aneignen und praktisch umsetzen können. Wir werden sie nachfolgend und anhand eines Fallbeispiels kurz erläutern.

Wir verwenden zum Teil neue Begriffe, die im Sprachgebrauch der Mediation Einzug gehalten haben.

<u>Graue Felder: Hintergrundwissen</u>

Sie beschreiben die erforderlichen methodischen Kenntnisse des Mediators in der jeweiligen Phase.

Pre-Mediation[20] stellt die Vorbereitungsphase der eigentlichen Mediation (Ausgleichsgespräch) dar. Im TOA beinhaltet die Vorbereitung im Wesentlichen die Überprüfung der Eignungskriterien des konkreten Einzelfalles und die getrennten Vorgespräche. Diese haben das Ziel, die Konfliktbeteiligten zu informieren und sie zu motivieren an einem Ausgleich mitzuwirken. Insbesondere die getrennten Vorgespräche dienen der Selbstbehauptung (s. u.) und sollen in einen gemeinsamen Ausgleichsversuch münden, also Wechselseitigkeit und Gemeinsamkeit herstellen. Wenn beide zustimmen, beginnt die (Haupt-) Mediation.

Zur Vorbereitung gehört auch die Auftragsklärung. Liegt ein konkreter Auftrag zur Durchführung eines TOA vor? Im Diversionsverfahren ergibt sich der Auftrag meist eindeutig durch die Verfügung der Staatsanwaltschaft, (ausschließlich) das Verfahren nach § 45 II JGG einzustellen, wenn der Beschuldigte bereit ist, einen Ausgleich mit dem Geschädigten durchzuführen. Bei Anklagen wird es schwieriger. Hier muss sich der Vermittler die Zustimmung der Staatsanwaltschaft und des Gerichtes einholen, sofern keine generelle Zustimmung vorliegt, in geeigneten Fällen einen TOA durchzuführen. Vom Erfolg des TOA hängt es dann ab, ob eine Einstellung des Verfahrens in Betracht kommt oder zumindest seine Berücksichtigung in der Hauptverhandlung (Einstellung oder milderes Urteil). Der nächste Schritt der Auftragsklärung ist die erklärte Bereitschaft von Täter und Opfer im jeweiligen Vorgespräch.

Die **Konfliktanalyse** ist in Diversionsverfahren durch das Studieren der Ermittlungsakte möglich, in dem die Sichtweisen der unmittelbar am Konflikt Beteiligten und von Zeugen einen ersten Eindruck zulassen, welche Form von Konflikt hinter dem Straftatbestand sichtbar wird („Worum geht es?"). Zu betrachten sind sowohl die Sach- als auch Beziehungsebene. In der Mediation geht es nicht um die Klärung der Schuldfrage. Dies scheint auf dem ersten Blick klar zu sein, da das Ermittlungsverfahren schon die Trennung vom Beschuldigtem („Täter") und Geschädigten („Opfer") vorgenommen hat. Um vom Delikt wieder zum Konflikt zurückzukehren, fragt der Mediator nach dem Beitrag, den jede Konfliktpartei zur Entstehung und zum Verlauf des Konfliktes beigetragen hat. Beim möglichen Beitrag des Geschädigten spricht man im Zivilrecht vom Mitverschulden.

Die **Rollenklärung** ergibt sich zum einen aus der Konfliktanalyse. Der Vermittler ist kein Ermittler. Im Falle eines unklaren Sachverhaltes sollte er den TOA ablehnen. Ist der Vermitt-

---

[20] Mehr dazu: Lenz, C. (2003): „Pre-Mediation": Die Klärung vor der Mediation. In: Harald Pühl (Hrsg.) Mediation in Organisationen, Berlin, S. 180 ff.

ler z.B. in der Jugendgerichtshilfe tätig (teilspezialisiert), sollte er sich darüber im Klaren sein, dass er allparteilich vermittelt und weder einseitig am Täter noch am Opfer orientiert ist. Vor allem ist er kein Schlichter und kein Richter. Er ist nicht verantwortlich für die inhaltliche Lösung und trifft vor allem keine Entscheidungen für die Konfliktbeteiligten.

Auch sollte er sich im Klaren sein, ob er z. B. wegen der Schwere des Deliktes noch seine Allparteilichkeit auf Grund der eigenen Betroffenheit sicherstellen kann.

Hypothesen sind Annahmen und stellen nicht nur in der Familien-Mediation eine wichtige Arbeitsgrundlage dar.[21] Im TOA wird unseres Wissens allerdings nicht bewusst mit ihnen gearbeitet. Unbewusst machen sich Vermittler „so ihre Gedanken", was hinter bestimmten Aussagen oder Verhaltensweisen steckt, wie sich im Einzelfall Beziehungen gestalten oder in welche Richtung eine Lösung gehen kann.

Will man Hypothesen gezielt einsetzen, unterscheidet man zwei Formen voneinander:

- Hintergrund-Hypothesen: Dies sind Annahmen und Vermutungen des Vermittlers, die er für sich im weiteren Verlauf der Mediation durch Fragen und Interventionen dahingehend überprüft, ob sie zutreffen oder nicht. Mit ihnen wird nicht direkt gearbeitet.

- Mediationshypothesen: Dies sind direkte Arbeitshypothesen. Der Mediator überlegt sich auf Grund seiner Arbeitshypothese den nächsten Arbeitsschritt.

Die Hypothesen werden später am Fallbeispiel zum Prozessleitplan erläutert.

Mehrparteien-Mediation sind nicht nur Mediationen mit mehreren Parteien (Einzelperson-Gruppe; Gruppe-Gruppe). Mehrere Konfliktparteien haben nicht nur die (zugeschriebene) Rolle von Täter-Opfer, sondern u. U. auch Schüler-Lehrer; Ehefrau-Ehemann, Sohn-Mutter, Tochter-Vater, Kollege-Kollege, Nachbar-Nachbar. Jede Person kann je nach dem System Schule, Familie, Betrieb, oder nach Geschlecht eine andere oder zusätzliche Rolle einnehmen. In diesem „Sub-System" können Bedürfnisse/Interessen unterschiedlich sein. Eventuell müssen andere Regeln vereinbart werden. (Negativ-Beispiel: Schüler bedroht Schulleiter. Sie verständigen sich im TOA. Danach verweist der ehemals geschädigte Schulleiter den Schüler auf Grund dessen Eingeständnisses der Bedrohung von der Schule. Sie

---

[21] Diez, H., Krabbe, H., Thomsen, C. S. (2002): Familien-Mediation und Kinder. Köln, S. 82 ff.

haben eine wichtige Vereinbarung zum Umgang mit den jeweiligen Rollen oder mit dem Datenschutz nicht getroffen).

Co-Mediation kommt in Betracht, wenn bei einem komplexen Sachverhalt oder mit mehreren Beteiligten ein zweiter Mediator und vor allem eine zweite Mediatorin sinnvoll bzw. notwendig ist. Bei häuslicher Gewalt bzw. Gewalt eines Mannes gegenüber einer Frau ist ein gemischt-geschlechtliches Mediatoren-Team aus unserer Sicht dringend zu empfehlen.

Selbstbehauptung und Wechselseitigkeit: Window I und Window II

Diese in der Familien-Mediation insbesondere von Diez/Krabbe/Thomsen verwendeten Begriffe stammen ursprünglich von G. Friedman und J. Himmelstein.[22] Sie bezeichnen das **Fenster des Verstehens**: Window I meint die Selbstbehauptung jeder einzelnen Konfliktpartei. Nicht zuletzt durch die Straftat sind sie in ihrem Selbstwertgefühl und ihrer Autonomie beeinträchtigt. Es kommt eher selten vor, dass sich Beschuldigte und Geschädigte schon zu Beginn des TOA selbstbewusst, selbstsicher, ressourcevoll und stark und im Bewusstsein ihrer Bedürfnisse und Interessen gegenüber sitzen. Getrennte Vorgespräche dienen der Selbstbehauptung. Erst dann ist Window II möglich: Wechselseitigkeit und Gemeinsamkeit. Auch diese Stufe muss durch achtsame Intervention bzw. Gesprächs- und Fragetechnik gefördert werden. Was braucht das Opfer, was der Täter, was brauchen beide?

Faustregel: Erst wer sich selbst versteht, kann andere verstehen.

Die **Rolle des Rechts** muss für alle Konfliktbeteiligten einzeln im Vorgespräch erläutert und transparent gemacht, im Ausgleichsgespräch mediiert werden. Die Rolle des Strafrechts als öffentliches Recht ist für alle Beteiligten zunächst der Rahmen, der durch die Normen des Strafgesetzbuches, der Strafprozessordnung und des JGG vorgegeben ist. Die Justiz kann diesen Rahmen auch inhaltlich durch Sanktionen vom Freispruch, über Einstellungen mit und ohne Auflagen, bis zur Verurteilung mit milden bis harten Strafen ausfüllen. Im TOA verzichtet sie darauf oder stellt sie zurück. Sie gibt den Konfliktbeteiligten die Möglichkeit, ihn inhaltlich mit zivilrechtlichen Vereinbarungen zu füllen. Damit gibt die Justiz den privatrechtlichen Interessen den Vorrang vor dem staatlichen Strafanspruch.

---

22 Diez, H., Krabbe, H., Thomsen, C. S. (2002): Familien-Mediation und Kinder. Köln, S. 73.

Für den Beschuldigten ergibt sich auf der Grundlage rechtsstaatlicher Garantien wie dem Prinzip der Unschuldsvermutung, dem Verbot der Selbstbezichtigung bzw. des Aussageverweigerungsrechts die Möglichkeit, sich im Spannungsfeld von zu erwartendem Freispruch, der Vermeidung befürchteter Verurteilung oder erhoffter Verfahrenseinstellung oder Strafmilderung für oder gegen den TOA zu entscheiden.

Der Rahmen des Strafrechts bietet den Geschädigten Schutz ihrer Rechtsgüter wie körperliche und seelische Unversehrtheit, von Eigentum und Ehre. Es ist im Interesse des Geschädigten im TOA nicht verhandelbar, ob und wann ein Täter ihn beleidigen, schlagen, bestehlen, berauben, (sexuell) belästigen darf, von der engen Auslegung von Notwehr abgesehen. Die Strafrechtsnormen gelten für alle. In einem solchen Fall sollte der Mediator auf seine Balance zwischen Empathie mit den Konfliktparteien und ihrer Konfrontation mit Normen oder Regeln achten.

Der TOA erlaubt beiden Seiten, aus Anlass einer Tat das Straf- und Zivilverfahren in einem Verfahrenszug zu erledigen. Zwischen den Beteiligten sollte im Ausgleichsgespräch vermittelt werden, welche Rolle und welche Bedeutung das Recht für sie hat und welchen (rechtlichen) Weg sie gemeinsam gehen. Dies gilt umso mehr für den Umgang mit unterschiedlichen Sichtweisen und den damit verbundenen rechtlichen Bewertungen. In der Praxis erleben wir immer wieder, dass die Konfliktparteien mit zunehmender Verständigung ihre vormals maximalen rechtlichen Ansprüche reduzieren. Dies gilt insbesondere für die Geschädigten. Da Vermittler zu einer Rechtsberatung weder qualifiziert noch befugt sind, sollten sie stets auf die Möglichkeit anwaltlicher Beratung hinweisen.

Um dem Vermittler die Sicherheit für seine Rolle zu stärken, weisen wir an dieser Stelle auf § 2 Absatz 3 Rechtsdienstleistungsgesetz (RDG) hin: Rechtsdienstleistung ist nicht „die Mediation und jede vergleichbare Form der alternativen Streitbeilegung, sofern die Tätigkeit nicht durch rechtliche Regelungsvorschläge in die Gespräche der Beteiligten eingreift".

<u>Fairnesskriterien</u> stellen für jeden Konfliktbeteiligten den individuellen Maßstab für subjektiv empfundene Gerechtigkeit dar. An ihnen und den Bedürfnissen/Interessen messen sie die Vereinbarungen. Fairnesskriterien sind gegenseitig zu achten. Spätestens bei der Suche nach Optionen/Lösungen werden sie bedeutsam. Kriterien können sein: Der Ausgleich zwischen Geben und Nehmen („nicht über den Tisch gezogen zu werden"), Machbarkeit und kurze Laufzeiten von Wiedergutmachungsleistungen, Anerkennung von Gefühlen und Werten, Verbesserung der Beziehung, Aufrichtigkeit. Fairnesskriterien können auch Gesetze, Verordnungen, Regeln oder Unterlagen sein wie Atteste, Gutachten, Rechnungen, Kostenvoranschläge, evtl. auch Zeugen, Rechtsauskünfte oder frühere Urteile (z.B. „ADAC-Schmerzensgeld-Tabelle"; s. Kapitel VII, Punkt 7.1.5.3).

Im TOA erwarten häufig die Täter die Übernahme der Mitverantwortung durch Geschädigte für ihr Handeln, zumindest anteilmäßig, z.B. bei vorangegangener Provokation oder dem „ersten Schlag" des Geschädigten, auch wenn dies nicht zu einer Verletzung geführt hat.

Um von der Polarisierung Täter-Opfer wegzukommen, sollte der Vermittler statt des Begriffs der (Mit-) Schuld vom (Mit-) Anteil oder Beitrag am Konflikt sprechen.

Indikation/Kontrakt: Zum einen ist die Frage zu beantworten, ob der vorliegende Konflikt für den TOA geeignet ist bzw. ob der TOA das leisten kann, was sich die Beteiligten von ihm erhoffen. Der wesentliche Ansatzpunkt ist die Frage, ob noch ein unbearbeiteter Konflikt zwischen den Beteiligten besteht und/oder ein regelbedürftiger Schaden vorliegt. Die Indikation richtet sich zum einen nach den Eignungskriterien, zum anderen nach der individuellen Zumutbarkeit und Leistungsfähigkeit. TOA stößt spätestens an seine Grenzen, wenn bei mindestens einer Konfliktpartei Therapiebedürftigkeit vorliegt oder schwierige juristische Fragen geklärt werden müssen. Der Kontrakt kommt zustande, wenn alle Konfliktparteien dem TOA zustimmen. Dazu müssen oft offene Fragen, Vorbehalte oder Widerstände geklärt werden.

Mehrwege-Mediation kommt im TOA eher selten vor. In der Familien-Mediation können beispielsweise parallel Regelungen für den Fall der Scheidung oder Nicht-Scheidung erarbeitet werden, bis sich die Parteien für einen Weg entscheiden. Im TOA kann der Fall eintreten, dass die Beteiligten an einer außergerichtlichen Regelung arbeiten, obwohl parallel schon ein Zivilverfahren anhängig oder beabsichtigt ist. Das Ergebnis des TOA kann zum Verzicht, zur Rücknahme der Zivilklage führen oder wird angerechnet. Meist sind Anwälte beteiligt.

Das Setting (das „Zusammensetzen nach einer Auseinandersetzung") beschreibt die aktive Gestaltung des Raumes, der Sitzordnung und der Atmosphäre der Mediationsgespräche. Das Setting richtet sich nach der Anzahl der Personen, ihrer Beziehung zueinander und damit verbunden nach ihrem Bedürfnis nach Nähe/Distanz. Mit dem Setting gestaltet der Mediator bewusst die Gesprächsatmosphäre für sich und die Konfliktparteien. Im Setting kann er auch die momentane körperliche und seelische Verfassung der Konfliktparteien „ablesen". Dabei ist Vorsicht geboten. Statt voreiliger Deutungen/Interpretationen sollte er direkt nachfragen und/oder Hypothesen bilden und diese überprüfen.

Mediieren von Regeln: Das Aufstellen von Regeln und deren Beachtung liegt in der Prozessverantwortung des Mediators. Es sind nicht nur seine Regeln, die er braucht, um gut arbeiten zu können. Sie müssen auch den Bedürfnissen der Konfliktparteien gerecht werden. Außer den klassischen Regeln wie

Ausreden lassen – nacheinander reden – nicht beleidigen – ist zu vereinbaren, wer in den Phasen zuerst spricht, ob der Mediator in kritischen Situationen unterbrechen darf, wie mit vertraulichen Mitteilungen umgegangen wird, ob weitere Personen hinzugezogen werden, ob Eltern auf beiden Seiten teilnehmen wollen/sollen, ob Vereinbarungen vertraglich festgehalten oder protokolliert werden etc. .

Körpersprache: Neben dem bereits zum „Setting" Gesagten ist für geübte Mediatoren hilfreich, auf nonverbale Signale sowohl beim Sprechenden als auch beim Zuhörenden zu achten. Interessant sind vor allem Gesprächsphasen, die wesentliche Änderungen bewirken, sei es, dass sie den Prozess beschleunigen oder bremsen.

Klärungshilfe: Zur Klärungshilfe gehört die Unterstützung bei Verständigungsschwierigkeiten, z.B. bei Ausländern, zwischen Menschen, die sich unterschiedlich artikulieren können, die evtl. auch in der deutschen Sprache unterschiedliche Dialekte gebrauchen, sich Fremdwörter bedienen oder auf unterschiedlichen Ebenen sprechen. Hilfreich sind die Grundlagen der „Klärungshilfe[23] " von Christoph Thomann und Friedemann Schulz von Thun. Berühmt: Die „vier Seiten einer Nachricht". Bei Redebeiträgen bietet der Mediator Hilfe bei Missverständnissen an, wenn „Selbstoffenbarung" gemeint, aber der „Beziehungsaspekt" verstanden wurde: Täter: „Ich mag es nicht, wenn jemand schlecht über meine Familie redet." Opfer: „Was habe ich dir denn getan, dass du mich schlägst?"

---

[23] Thomann, C., Schulz von Thun, F. (1992), Klärungshilfe; Hamburg, S. 100.

Klärungshilfe umfasst auch die richtige Information bzw. Korrektur von Fehlinformationen der Konfliktbeteiligten, z.B.: „Ich nehme nicht am TOA teil, weil ich dafür meinen Strafantrag zurücknehmen muss."

Eisbergmodell: Das Eisbergmodell nach Besemer[24] ist für den TOA deshalb interessant, weil der Straftatbestand den sichtbaren Teil – oftmals nur die Spitze des Eisbergs – darstellt. Andere Faktoren wie Gefühle, Bedürfnisse, Missverständnisse, Werte oder intrapersonale Probleme sind nicht sichtbar. Diese werden in der Phase der Konflikterhellung erkennbar. Während für die Justiz die mit Strafe bedrohte Tat im Vordergrund steht, können für die Konfliktparteien andere oder weitere Aspekte der Tat wichtig sein.

Die **tiefere Bedeutung** eines Konfliktthemas fragt nach den Bedürfnissen und Interessen der einzelnen Konfliktparteien. Das Wort „Ehre" kann für den Täter, der die „Familienehre" angegriffen sieht, eine tiefere Bedeutung haben als für den Geschädigten, der zuvor eine provokante Äußerung tat ohne sich zuvor Gedanken über die Wirkung gemacht zu haben. Der anschließende Faustschlag trifft ihn wie der „Blitz aus heiterem Himmel." Die tiefere Bedeutung kann Werte, Überzeugungen sowie Beziehungen zu Menschen, Tieren oder auch Gegenständen betreffen. In der Mediation wird vor allem die tiefere Bedeutung eines Konfliktthemas zur Klärung der jeweiligen Bedürfnisse/Interessen herausgearbeitet.

Verhandlungsmodelle bauen vor allem auf bisherige, gute Erfahrungen der Konfliktparteien auf. Modelle können sein: Halbe-Halbe, Rangfolge der Verhandlungspunkte nach persönlicher Wichtigkeit (tieferer Bedeutung), Paketlösung: Alle Punkte zunächst einzeln und vorläufig verhandeln, dann zu Paketen zusammenschnüren. Meist orientieren sich Verhandlungsmodelle am Ausgleich von Geben und Nehmen, das zugleich ein Kriterium für Fairness ist.

Ökonomie und Ökologie: Ökonomie zielt auf den finanziellen bzw. materiellen Ausgleich. Es meint aus der Sicht des Geschädigten angemessenes Schmerzensgeld/Schadenersatz und die Erstattung der Kosten für den weiteren Aufwand durch die Tatfolgen.

Der Täter betrachtet für sich den Preis, den er zu zahlen hat: Für die Tatfolgen und z.B. für die Einstellung des Verfahrens zur Vermeidung weiterer Kosten. Beide Seiten sollten stets

---

[24] Besemer, C. (1994): Mediation. Königsfeld, S. 28.

die entstehenden mit den vermeidbaren Kosten abwägen (Wirtschaftlichkeit) wobei das Ergebnis die bereits erwähnte „Win-Win-Situation" sein sollte.

Die Ökologie (Duden: „Beziehung der Lebewesen zur Umwelt") bezieht sich auf die Sozialverträglichkeit der getroffenen Vereinbarung. Sie soll darauf geprüft werden, ob sie keine negativen Nebenwirkungen hat oder ein Dritter benachteiligt wird.

Formulierung, Verbindlichkeit und Vollstreckbarkeit von Vereinbarungen.

Mündliche Vereinbarungen sollten vermieden werden. Vereinbarungen sollten schriftlich fixiert werden, sofern im allseitigen Einvernehmen die Protokollierung nicht ausreicht, z.B. bei geringfügigen Wiedergutmachungsleistungen oder Aussprachen, die mit einer Entschuldigung enden. Die schriftlichen Vereinbarungen sollten bei Minderjährigen von den gesetzlichen Vertretern mit unterschrieben werden. Die Formulierungen sollen klar, eindeutig und zeitlich konkret bestimmt werden („Wer" macht „was" bis „wann?"). Die schriftliche Vereinbarung ist insbesondere bei Wiedergutmachungsleistungen wichtig, die eine Laufzeit über mehrere Monate haben. Sollte das Strafverfahren aufgrund der Vereinbarung eingestellt werden, kann es nicht wieder aufgenommen werden, falls der Täter seiner Verpflichtung nicht nachkommt. Die Verschriftlichung ist Grundlage für die zivilrechtliche Durchsetzung der Ansprüche.

Eine Vollstreckung ist immer dann sofort möglich, wenn ein Urteil, ein Vergleich (bei Gericht aufgrund einer Zivilklage), ein Anwaltsvergleich, eine notarielle Beurkundung, ein Vergleich im Wege eines Schiedsverfahrens oder ein Vollstreckungsbescheid im Rahmen eines Mahnverfahrens vorliegt.

Visualisieren. In vielen Bereichen der Mediation wie z.B. Familie, Wirtschafts- und Arbeitswelt, Planen und Bauen, visualisiert der Mediator den Prozess. Das beginnt bei der Themensammlung, bei der er mittels Flipchart für jede Konfliktpartei eine Spalte zeichnet, in die er die jeweiligen Themen (regelungsbedürftige Punkte) notiert. Die Themen werden jeweils nach Wichtigkeit priorisiert. Der Mediator vereinbart mit den Konfliktparteien gemeinsam das Thema, an dem als erstes gearbeitet wird. Für dieses Thema werden weitere Flipcharts mit den Überschriften „Interessen/Bedürfnisse", „Lösungsmöglichkeiten/Optionen" und „Vereinbarung" angefertigt. Die Konfliktparteien können über das gesprochene Wort hinaus mit verfolgen, wie der Prozess vorangeht und dass ihre wichtigen Anliegen festgehalten und bis zur Vereinbarung weiterbearbeitet werden. In manchen Fällen helfen Bilder bzw. Metapher, den Kern des Streites herauszustellen und für ein „Aha-Erlebnis" zu sorgen.

104

Wesentlich für den Beispielfall ist, dass sich das Ausgleichsgespräch nicht zwanghaft an der Struktur des Prozessleitplans orientiert hat und somit nicht einem bestimmten Raster unterworfen wurde. Der Prozessleitplan orientiert sich umgekehrt am konkreten Fall und soll dahingehend überprüft werden, welche Methoden/Techniken oder Interventionen, wann und wie, im Ausgleichsverfahren vorgekommen sind.

Dabei stehen der vollständige Verlauf und die Bewertung des Falles aus Platzgründen nicht im Vordergrund.

Körperverletzung in der Diskothek[25].

Die 18-jährige Nadine besucht mit Freundinnen ein Live-Konzert in einer Diskothek. Um die Band besser sehen zu können, steigt sie auf ein Podest vor der Bühne. Zahlreiche Besucher beschweren sich, dass ihnen die Sicht versperrt wird. Einige Male duckt sich Nadine nach entsprechender Aufforderung. Doch mit der Zeit lässt sie sich von der Musik so anstecken, dass sie sich wieder erhebt und mittanzt. Eine junge Frau beschwert sich. Nadine versetzt ihr eine Ohrfeige und beleidigt sie. Der Freund der jungen Frau zupft Nadine an den Hosenbeinen. Daraus entwickelt sich ein Handgemenge, in dessen Verlauf Nadine auf das Podest fällt und der Freund der jungen Frau nach hinten in die Menschenmenge. Noch im Fallen wirft Nadine ein in ihrer rechten Hand befindliches Bierglas von sich weg. Das Glas trifft den vor ihr stehenden 25-jährigen Manuel an der Stirn. Das Glas bricht. Manuel erleidet eine blutende Platzwunde. Manuel ist der Freund der jungen Frau, mit dem sie das Handgemenge hatte. Nach ambulanter medizinischer Versorgung im Krankenhaus erstattet er Strafanzeige gegen Nadine wegen Körperverletzung.

Die Staatsanwaltschaft übersendet die Ermittlungsakte mit dem Vorwurf der gefährlichen Körperverletzung vier Monate nach der Tat an die Jugendgerichtshilfe mit der Verfügung, das Verfahren nach § 45, II JGG einzustellen, wenn Nadine einen Ausgleich mit dem Verletzten erzielt.

Konfliktanalyse: Die Auseinandersetzung beginnt damit, dass Nadine anderen durch das Tanzen auf dem Podest die Sicht versperrt. Die junge Frau, die sich beschwert, heißt Melanie.

---

[25] Genehmigter Mitschnitt eines Ausgleichsgesprächs (Namen geändert).

Sie ist die Freundin von Manuel. Er sieht, wie Melanie von Nadine geschlagen wird. Er greift ein. Ob er durch das Ziehen an Nadines Hosenbeinen oder die sich bewegende Menschenmenge um sie herum deren Fallen bewirkt hat, ist unklar. Nadine fällt. Im Fallen oder am Boden liegend wirft sie ihr Bierglas. Das Glas trifft Manuel. Er wird verletzt.

Eine Konfliktanalyse nach Aktenlage ist stets nur vorläufig. Zu ihr gehören die Sichtweisen der Beteiligten und die Hintergründe. Entsprechende Erkenntnisse liefern die Vorgespräche und das gemeinsame Ausgleichsgespräch.

Psychologische Hypothesen:

- … Nadine hat das Glas ohne Verletzungsabsicht weggeworfen
- … sie hatte Angst sich beim Fallen selbst zu verletzen
- … wollte sie sich an demjenigen rächen, der sie vom Podest zog?
- … hätte Nadine im Fallen bewusst und gezielt den Geschädigten treffen wollen, wäre das eine „artistische Meisterleistung".

Mediations-(Arbeits-)Hypothesen:

- Nadine und Manuel haben ihren Konflikt in der Zwischenzeit nicht gelöst und sind zumindest bereit, zu einem Vorgespräch zu kommen
- Wenn Manuel derjenige war, der Nadine die Beine weggezogen hat, wird sie ihm möglicherweise eine Mitverantwortung anlasten.

Eine Arbeitshypothese kann auch eine <u>juristische Hypothese</u> sein:

- Trägt Manuel eine Mitverantwortung, stellt sich zivilrechtlich die Frage des Mitverschuldens und damit die Reduzierung seines Schmerzensgeldanspruches
- Kann eine gefährliche Körperverletzung auch fahrlässig sein?

Hypothesen sind Fragen oder Annahmen, mit denen sich der Vermittler gedanklich auseinandersetzt. Er macht sie nicht direkt öffentlich. Um seine Hypothesen zu überprüfen, kann er z.B. gezielt offene (lineare) Fragen an die Beteiligten stellen.

Mit Hypothesen, die sich meist im Verlauf bzw. zum Ende einer Phase ergeben, lassen sich die Übergänge zu den nächsten Phasen gestalten. Die Bedeutung der Hypothesenarbeit liegt in der Prozessgestaltung des Mediators, nicht in seiner inhaltlichen Verantwortung. Diese liegt wie in allen anderen Mediationsbereichen bei den Konfliktparteien.

Im ersten Vorgespräch berichtet Nadine, dass sie selbst verletzt worden sei. Durch das Fallen auf den Podestboden habe sie eine Gehirnerschütterung erlitten. Das Glas habe sie „einfach geworfen", weil sie jemand an den Beinen festhielt. Sie möchte an dem Ausgleich mitwirken, um dies dem Geschädigten mitzuteilen und sich zu entschuldigen.

Sie war weder beim Arzt, um die Gehirnerschütterung feststellen zu lassen, noch hat sie ihrerseits Strafantrag gegen Manuel gestellt.

Nadine wird im Rahmen der Verselbstständigung aus einer Jugendwohngruppe ambulant betreut. Ihre Betreuerin hat sie zum Vorgespräch begleitet.

Manuel berichtet im zweiten Vorgespräch, dass er zunächst keine Aussprache mit Nadine will. Er geht davon aus, dass sie ihn mit Absicht verletzt habe. Außerdem sei sie die einzige im Konzert gewesen, die auf die Bitte hin, sich zu ducken, sich als uneinsichtig erwiesen und mit ihrem Verhalten den Konflikt zur Eskalation gebracht habe. Auch ist er enttäuscht darüber, dass sie sich nach dem Vorfall nicht um Kontaktaufnahme mit ihm bemüht hat, um sich zu entschuldigen.

Schließlich lenkt er insofern ein, dass er einen Anwalt aufsuchen will, um sich beraten zu lassen. Von dessen Empfehlung macht er es abhängig, ob er einen Vorschlag zur außergerichtlichen Einigung unterbreiten und sich auf eine Begegnung mit Nadine einlassen wird.

Nach einigen Wochen stimmt Manuel dem TOA zu.

Das Ausgleichsgespräch findet statt. Nadine wird von ihrer Betreuerin begleitet, Manuel von seiner Freundin Melanie. Sie nimmt weder als Zeugin noch als Geschädigte teil. Dennoch findet latent eine Mehrparteien-Mediation statt, da Melanie sich nicht allein auf die psychologische Unterstützung ihres Freundes beschränkt. Sie schildert auch ihre Sichtweise des Vorfalles. Der Ermittlungsakte ist zu entnehmen, dass Melanie zunächst auch als Geschädigte aufgeführt wurde, jedoch keinen Strafantrag stellte. Sie nimmt offiziell als Freundin von Manuel teil, latent aber auch als Betroffene. Manuels Beratungsanwalt nimmt nicht teil.

Trennen von Gefühls- und Sachebene: Das Trennen von Gefühls- und Sachebene soll vor allem vermeiden, dass auf beiden Ebenen gleichzeitig und aneinander vorbei gesprochen wird. Zu Beginn des Ausgleichsgesprächs ist es ratsam, zunächst über den äußeren Geschehensablauf zu sprechen, über sachbezogene Themen, um dann die damit verbundenen Gefühle anzusprechen („von der äußeren zur inneren Welt").

- Mediator (M): „Sachlich betrachtet geht es um den Vorwurf der gefährlichen Körperverletzung und um Wiedergutmachung. Sie können jeweils ihre Vorstellungen äußern, wie die Angelegenheit zu ihrer jeweiligen Zufriedenheit geregelt werden könnte. Ich schlage vor, dass Sie beide nacheinander berichten, was passiert ist. Danach können Sie schildern, was ihnen damals durch den Kopf gegangen ist, was sie gedacht und gefühlt und wie sie die andere Konfliktpartei erlebt haben. Sie haben die Möglichkeit, ihre unterschiedlichen Sichtweisen einander näher zu bringen und verstehbar zu machen. Ich glaube, dass es uns so am besten gelingt, eine Basis für eine tragfähige Vereinbarung zu schaffen."

Normalisieren: Vermittler im Täter-Opfer-Ausgleich sind den Umgang mit Straftaten gewohnt, so auch mit den unterschiedlichen Formen von Gewalt. Und sie sind nicht unmittelbar betroffen. Für die Betroffenen ist die Situation meist neu. Nicht selten sind die psychischen Auswirkungen einschneidender als die körperlichen oder materiellen Folgen, insbesondere für die Geschädigten. Spätestens im Ausgleichsgespräch sind die Anspannung, die innere Unruhe, Gefühle von Angst, Ungewissheit und Hilflosigkeit auf beiden Seiten vorherrschend. Die Beteiligten treten nicht ohne weiteres als autonome und selbstsichere Akteure auf. Sie sind entweder in sich gekehrt, zurückhaltend, verschlossen, oder aber nervös, unter Druck, wütend, aggressiv. Normalisieren ist ein Ausdruck von Empathie, des Verstehens der aktuellen Befindlichkeit und zugleich eine Intervention, die bei den Betroffenen Blockaden löst und ihnen Zugang zu ihren Ressourcen verschafft. Der Vermittler weist darauf hin, dass ihm die Situation der Medianten bekannt ist. Sie ist üblich, häufig vorkommend.

- M: „Auch wenn Sie jede/r für sich monatelang versucht haben, das Geschehene und die Folgen für sich zu verarbeiten, kommt es häufig vor, dass noch Fragen offen sind."

- M: „Ich kann mir gut vorstellen, dass es ihnen nach diesem Vorfall nicht leicht fällt, sich so nah gegenüber zu sitzen. Das geht den meisten so."

Lineares Fragen: Lineare Fragen dienen der Orientierung und der Information, dem Sammeln von Daten und Fakten zu einem bestimmten Sachverhalt. („W-Fragen: Wer – wo – was – wann – wie – weshalb?"

- M: „Welche Personen standen um Sie herum, als Sie fielen?"
- M: „Wer stand Ihnen gegenüber?"
- M: „Was ist mit dem Glas passiert?"

Die bekanntesten sind die *offenen* und *geschlossenen* Fragen. Geschlossene Fragen lassen als Antwort „ja" oder „nein" zu: „Hatten Sie Schmerzen?" – „Ja." Sie legen den Antwortenden fest. Relativ geschlossene Fragen[26] lassen eher nur Kurzantworten zu:

- M: „<u>Wie lange</u> hatten Sie Schmerzen?"
- M: „<u>Wann</u> konnten Sie wieder zur Arbeit gehen?"

Offene Fragen lassen eine Vielzahl von Antwortmöglichkeiten offen. Die Antwortenden werden weder eingeengt noch in eine bestimmte Richtung festgelegt.

- M: „Manuel, können Sie sich noch daran erinnern, <u>was</u> Sie gedacht oder gefühlt haben, als Sie merkten, dass Sie bluteten?"
- M: „Nadine, <u>wie</u> erging es Ihnen in dieser Situation?" – „Ich war erschrocken. Das habe ich nicht gewollt."

Offene Fragen lassen vor allem zu, ob und was die Beschuldigte zu ihrem Beweggrund sagt, ohne ihr etwas in den Mund zu legen. Der Mediator hätte schon früher fragen können: „Haben Sie das mit Absicht gemacht?" Die Antwort wäre unter Umständen nicht frei und aufrichtig gekommen. Bei den Antwortmöglichkeiten „ja" oder „nein" erwartet der Mediator nicht, dass Nadine mit „ja" geantwortet hätte.

<u>Weitere lineare Fragen:</u>

- M: „<u>Wie</u> war es danach? Man sagt schon mal, man sollte eine Nacht darüber schlafen, <u>wie</u> war das bei ihnen?"
- „Haben sie versucht herauszufinden, <u>wen</u> Sie verletzt haben?"

<u>Zirkuläres Fragen:</u> Zirkuläre („umlaufende, kreisende") Fragen zielen auf Sach- und Beziehungsinformationen aus der subjektiven Sicht des Befragten. Sie befassen sich z.B. zusätzlich zu ihrem eigenen mit dem Blickwinkel des Konfliktpartners.

- „Nadine, was könnte ihrer Meinung nach Manuel gedacht haben, als ihn das Glas aus ihrer Richtung kommend traf?"
- „Manuel, was hätte Nadine Ihrer Meinung nach mit dem Glas machen können, als sie merkte, dass Sie fiel?"

---

[26] Birkenbihl, V. F. (1990), Fragetechnik schnell trainiert. München, S. 104.

- „Wenn Sie in seiner Situation wären, würden Sie es auch so machen: Zum Beispiel zur Polizei gehen und sich Ihre entstandenen Kosten erstatten zu lassen?"

Reflexives Fragen: Gemäß Duden bedeutet reflektieren *(zu)rückstrahlen, wiedergeben, spiegeln, nachdenken, erwägen, in Betracht ziehen.*

Reflexive Fragen fördern den Mediationsprozess, in dem die Medianten zum einen die Perspektivenwechsel vornehmen, zum anderen in die Zukunft nach kreativen Optionen schauen. Reflexive Fragen dienen sowohl der Selbstbehauptung als auch der Wechselseitigkeit.

- „Manuel, Sie haben lange gezögert, ehe Sie sich auf die Begegnung einlassen konnten. Hat sich etwas an Ihren Vorbehalten geändert?"
- „Wie erleben Sie sich nun gegenseitig: Monate später und in anderer Atmosphäre?"
- „Nadine, Manuel hat den Geschehensablauf in der Diskothek aus seiner Sicht geschildert. Was ist für Sie neu oder interessant?"
- „Manuel, was ist für Sie neu oder interessant, nachdem Sie Nadine gehört haben?"

Fokussieren: Fokussieren (lat. Focus = Feuerstätte; Herd; laut *Brockhaus* 1) der Brennpunkt, 2) der Krankheitsherd) bedeutet wie in der Fotografie Scharfeinstellung. Dies geschieht häufig in der Form des Zusammenfassens des bisher Gesagten unter Hervorhebung eines bestimmten Konfliktpunktes, „um diesen zu überprüfen und für den Fortgang des Mediationsprozesses fruchtbar zu machen."[27]

- Melanie: „Weil Nadine mir eine gescheuert hat, ist mein Freund ausgeklinkt und dann ist die Sache eskaliert." Mediator: „Ja, da kommt eins zum andern: Nadine tanzt auf dem Podest, versperrt die Sicht. Melanie beschwert sich. Nadine ist gereizt, beleidigt Melanie und gibt ihr eine Ohrfeige. Manuel klinkt aus, zieht Nadine an den Beinen. Nadine fällt hin. Im Fallen oder auf dem Boden liegend wirft sie das Bierglas in Richtung Manuel, der getroffen und verletzt wird. Eine Reaktion stellt einen Reiz dar für die nächste Reaktion. Diese muss nicht konsequenterweise die einzig richtige gewesen sein. Wie wäre das gewesen, wenn Nadine das Glas nicht geworfen, sondern ihrerseits Anzeige wegen Körperverletzung gestellt hätte?"
- Manuel: „Ich möchte nicht bestreiten, dass die Verletzung von Nadine durch meine Person erfolgt ist, glaube ich aber nicht. Der Raum war brechend voll. Das Podest

[27] Diez, H., Krabbe, H., Thomsen, C. S. (2002): Familien-Mediation und Kinder. Köln, S. 139.

auch. Es war keine Lücke da zum Hinfallen. Vielleicht ist sie auch durch die Masse der Menschen umgeworfen worden."

- Nadine: „Ich kann nicht sagen, dass ich durch das Ziehen auf das Podest gefallen bin."

Man kann den Fokus auch auf Aspekte richten, die in den Ausführungen der Konfliktparteien andeutungsweise beschrieben oder umschrieben, aber nicht deutlich genannt werden:

- Nadine: „Ich gebe zu, dass es von mir ausging. Es war das erste Mal. Es tut mir leid."
- Mediator: „Höre ich da so etwas wie eine Entschuldigung heraus?" (Zu Melanie): „Ist das bei Ihnen so angekommen?"
- Melanie: „Ja. Ist schon in Ordnung. Ich kann damit leben."

Partialisieren: Durch Partialisieren (Teilen) werden größere Themen oder Konfliktpunkte unterteilt, um ihre Bearbeitung zu vereinfachen und die Verhandlung zu erleichtern. Auch das schon beschriebene Trennen der Gefühls- und Sachebene ist ein Beispiel dafür.

Im TOA wird der Ausgleich klassisch in Konfliktregelung und Wiedergutmachung unterteilt: Es geht zunächst um die Wiederherstellung des sozialen, dann des rechtlichen Friedens. Wird über den Punkt „finanzielle Entschädigung" verhandelt, wird dieser notwendigerweise unterteilt in Punkte, die die Beteiligten direkt miteinander regeln dürfen, wie z.B.

- Schmerzensgeld
- Schadenersatz
- Verdienstausfall
- Reinigungskosten etc.

und die, auf die sie keinen Einfluss haben, wie

- Lohnfortzahlung des Arbeitgebers
- Aufwendungen der Krankenkasse

Ansprüche von Dritten bleiben daher von der Regelung ausgespart. Delikte zwischen mehreren Personen bzw. Gruppen wie z.B. gemeinschaftliche (gefährliche) Körperverletzung können in die Konfliktanteile der direkten Kontrahenten unterteilt werden. Diese regeln ihre jeweiligen Konfliktanteile untereinander. Im Rahmen der Gesamtschuldnerhaftung können anteilige Regelungen so getroffen werden, dass sie von allen als gerecht empfunden werden.

Eine Partialisierung wird oft durch die Staatsanwaltschaft vorgenommen, indem Verfahren gegen strafunmündige Mittäter eingestellt oder gegen Erwachsene abgetrennt werden. Oft ist es sinnvoll, sie im TOA wieder zusammen zu bringen, um den sozialen Konflikt umfassend zu bereinigen und eine einheitliche zivilrechtliche Regelung zu erreichen.

Zukunftsorientieren: Mediation dient nicht vorrangig der Vergangenheitsbewältigung, sondern der Gestaltung der zukünftigen Beziehung zwischen den Konfliktparteien sowie der Lösung von Sachproblemen. Um seine Allparteilichkeit zu wahren, stellt der Mediator auf die Zukunft gerichtete Fragen an alle Konfliktparteien.

- M: „Angenommen, Sie treffen sich bald wieder bei einem Konzert. Wie stellen Sie sich dann Ihre zukünftige Begegnung vor?"
  Manuel: „Mir würde es reichen, wenn wir uns vielleicht kurz grüßen und uns ansonsten in Ruhe lassen."
  Nadine: „Mir auch."
- M: „Woran werden Sie erkennen, dass der Ausgleich zu Ihrer Zufriedenheit abgeschlossen ist?"
- Manuel: „Mein Anwalt hält ein Schmerzensgeld von 500 € für angemessen. Immerhin musste die Platzwunde mit drei Stichen genäht werden. Die Narbe ist heute noch sichtbar. Ich hatte noch mehrere Tage Schmerzen, musste aber arbeiten, weil ich mich gerade erst selbstständig gemacht hatte. Ich war noch nicht krankenversichert. Für die Behandlung im Krankenhaus habe ich 65 € gezahlt, für die Nachbehandlung durch den Hausarzt 20 €, und schließlich für die Reinigung meiner Kleidung 10 €. Außerdem hatte ich Fahrtkosten zum Krankenhaus, zum Arzt und zweimal hierher."
- Nadine: „Das kann ich mir nicht leisten. Das geht nicht. Ich lebe von Bafög und Kindergeld. Ich muss alles selbst bezahlen."

Mediationshypothese: Beide Parteien kommen vielleicht leichter zu ihrem Ausgleich, wenn sie mehr eigene Möglichkeiten entwickeln, als das Recht ihnen bietet.

- M: „Manuel, auf der Grundlage des Vorschlags Ihres Rechtsanwalts und wenn Sie alles bisher Gesagte einfließen lassen, unter anderem, dass Nadine selbst auch verletzt wurde: Was wären für Sie selbst Optionen, mit denen Sie persönlich gut leben könnten?"
- Manuel: „Mit 500 €, alles inklusive, wäre ich sehr zufrieden."

- Nadine: „Ich weiß nicht, wie ich das machen soll."
- M.: „Was könnten Sie leisten?"
- Nadine: „100 €."
- M.: „Monatliche Raten von 100 €?"
- Nadine: „Nein, monatlich 10 – 25 €."
- M. (an beide): Für den Fall, Sie würden sich auf 500 € verständigen, möchte ich Sie beide auf die Möglichkeit des Opferfonds aufmerksam machen, um eine Laufzeit von 20 bis 50 Monaten deutlich zu kürzen: Es können bei einem fiktiven Stundenlohn von 6 € bis zu 500 € mit maximal 80 Stunden abgearbeitet werden. Dieser Betrag kann auch ganz oder teilweise als zinsloses Darlehen gewährt werden.

Nach kurzem Austausch verständigen sich Nadine und Manuel auf den Gesamtbetrag von 500 €. Manuel erklärt, dass seine Anwaltskosten über seine Rechtsschutzversicherung abgesichert seien. Nadine arbeitet 300 € durch 50 Stunden gemeinnützige Arbeit innerhalb von 3 Monaten ab. Der Verein überweist Manuel sofort 200 €. Diesen Betrag zahlt Nadine in 10 Monatsraten von 20 € an den Verein zurück.

Nadine und Manuel verabschieden sich per Handschlag und wünschen sich alles Gute. Sie wirken sichtlich erleichtert.

Der Mediator entwirft einen schriftlichen Vertrag, der von Manuels Anwalt geprüft und akzeptiert wird. Er wird in den folgenden Tagen von Nadine und Manuel unterschrieben.

Die verbindliche Vereinbarung nimmt die Staatsanwaltschaft zum Anlass, das Verfahren gegen Nadine nach § 45, II JGG einzustellen.

In seiner Abschlusshypothese für sich selbst setzt sich der Mediator mit dem Grad der Zufriedenheit der Konfliktparteien auseinander. Er fragt sich nicht, ob Manuel zufriedener ist als Nadine (oder umgekehrt), sondern ob beide ohne einen TOA ein für sich besseres Ergebnis erreicht hätten.

Das wesentliche Kriterium für eine gelungene Mediation ist eine einvernehmliche Vereinbarung, die die Konfliktparteien eigenverantwortlich und autonom sowie ohne jeden Druck von außen erarbeitet haben.

KAPITEL VII

ZIVILRECHT

Krankenpfleger sind keine Ärzte, gehen jedoch täglich mit medizinischen Problemen um. So sind Vermittler auch keine Rechtsanwälte. Sie verfügen nicht über das erforderliche Fachwissen, ihre Klienten in Rechtsfragen zu beraten, und dürfen es auch nicht (unerlaubte Rechtsberatung).

Auch wenn in vielen Fällen den Konfliktparteien andere Inhalte wichtiger sind als rechtliche Fragestellungen, ist es ihnen gegenüber oftmals erforderlich, sie nicht nur über strafrechtliche, sondern auch über zivilrechtliche Rahmenbedingungen ihres Falles zutreffend zu informieren.

Nur auf dieser Grundlage können die Konfliktparteien eine ausgewogene Entscheidung für oder gegen einen Ausgleichsversuch treffen. Für die Betroffenen geht es um die Abwägung, welche Rolle das Recht im Ausgleichsverfahren spielen soll und welche Fairnesskriterien für sie maßgeblich sind (vgl. Kap. VI: Methoden und Techniken).

Darüber hinaus müssen Vermittler in der Lage sein, entscheiden zu können, ob sie einer Konfliktpartei die Hinzuziehung eines Rechtsbeistandes empfehlen sollen oder ob sie selbst eine Rechtsauskunft benötigen.

Eine Reihe von zivilrechtlichen Bestimmungen <u>muss</u> der Vermittler kennen; von manchen <u>sollte</u> er wissen, von einigen zivilrechtlichen Belangen sollte er <u>bewusst</u> „die Finger lassen" (z.B. Rentenzahlungen bei Dauerschäden oder erheblichen psychischen Beeinträchtigungen, Therapiebedürftigkeit beim Opfer etc.).

<u>Transparenz</u>

- gegenüber den Betroffenen: Wofür ist der Vermittler Spezialist und wofür nicht?
- Rechtliche Möglichkeiten – auf Beratung durch Rechtsanwälte hinweisen

Grundwissen

- bezüglich Strafmündigkeit, Geschäftsfähigkeit, Deliktsfähigkeit
- Schadensersatzpflicht
- gesamtschuldnerischer Haftung
- Umgang mit Spät- und Dauerfolgen

Aufklärung der Konfliktparteien

- Umgang mit Spät- und Dauerfolgen
- über Möglichkeiten und Rahmenbedingungen eines Zivilprozesses sowie darüber, dass Anwaltskosten zivilrechtlich Teil des Schadens und den Ansprüchen des Geschädigten gleichrangig sind

Beteiligung und Absprachen

- Beteiligung Eltern bzw. gesetzlichen Vertretern bei Minderjährigen
- Klären, ob Anwälte eingeschaltet sind oder Rechtsberatung durch einen Anwalt gewünscht wird oder erforderlich ist. Einbeziehung und Rücksprache während der Dauer des gesamten Ausgleichsverfahrens, insbesondere bezüglich Forderungen und Vereinbarungen
- inwieweit Forderungen von Dritten bestehen oder auf diese übergegangen sind (z.B.
- Versicherung, Krankenkasse), und wie damit im Rahmen des TOA verfahren werden soll
- Umgang mit Spät- und Dauerfolgen.

Zwischenmenschliche Leistungen sind in der Regel unproblematisch. Dazu zählen insbesondere

- die Entschuldigung
- bestimmte Gesten
- Einladungen
- Geschenke
- gemeinsame Aktionen. Vom Ansatz her sind sie kreativer als materielle, rein zivilrechtliche Leistungen.

7.1 GRUNDLAGEN

7.1.1 GESCHÄFTSFÄHIGKEIT

Nur wer geschäftsfähig ist, kann Rechtsgeschäfte selbständig und rechtswirksam abschlie-
ßen.

Die Geschäftsfähigkeit ist abhängig vom Lebensalter des Menschen.

Die volle Geschäftsfähigkeit besteht ab Volljährigkeit.

Geschäftsunfähig sind nach *§ 104 Ziffer 1 BGB* Kinder bis zu ihrem 7. Geburtstag.

Ihre Willenserklärungen sind gemäß § 105, 1 BGB nichtig.

Beschränkt geschäftsfähig ist der Minderjährige zwischen dem 7. und 18. Lebensjahr. Zur
Abgabe gültiger Willenserklärungen bedarf er der Zustimmung bzw. der nachträglichen Genehmigung des/r Sorgeberechtigten oder seines Vormundes *(§§ 107 – 113 BGB)*.

7.1.2 „TASCHENGELDPARAGRAPH"

Bezüglich der Minderjährigen (also auch der Minderjährigen im TOA) stellt der *§ 110 BGB*
für die Abgabe gültiger Willenserklärungen eine wichtige Ausnahmeregelung dar. Nach dieser Vorschrift wird die Willenserklärung des Minderjährigen im Rahmen eines Vertrages
sofort wirksam, wenn die vertragsgemäße Leistung mit Mitteln bewirkt wird, die dem Minderjährigen vom gesetzlichen Vertreter *zu diesem Zwecke* oder *zur freien Verfügung* überlassen wurde.

Daraus resultiert, dass nur Barzahlung, aber keine Ratenzahlung möglich ist.

7.1.3 DELIKTSFÄHIGKEIT

Ein Delikt im zivilrechtlichen Sinne ist eine „unerlaubte Handlung" gemäß den Bestimmungen des *§ 823 BGB*.

Die zivilrechtliche Folge einer unerlaubten Handlung ist die Verpflichtung zum Schadensersatz. Deliktsfähigkeit bedeutet somit die Verantwortlichkeit für unerlaubte Handlungen.

Auch die Deliktsfähigkeit ist abhängig vom Lebensalter des Menschen. <u>Deliktsunfähig</u> sind Kinder unter 7 Jahren, <u>beschränkt deliktsfähig</u> sind Minderjährige zwischen dem 7. und 18. Lebensjahr. Die <u>volle Deliktsfähigkeit</u> besteht ab Volljährigkeit *(§ 827 – 829 BGB)*.

7.1.4 ELTERNHAFTUNG

Jeder kennt den Satz: Eltern haften für ihre Kinder. Er bezieht sich auf die Bestimmungen des *§ 832 BGB*, der die Haftung des <u>Aufsichtspflichtigen</u> beschreibt.

Demnach haften die Eltern nicht für das Verhalten des Minderjährigen, sondern vielmehr für ihr <u>eigenes Verschulden</u>, wenn sie ihre Aufsichtspflicht nicht ordnungsgemäß erfüllt haben *(vgl. § 1664 BGB)*. Je älter der Minderjährige ist, desto schwieriger ist es, den Eltern eine Verletzung ihrer Aufsichtspflicht nachzuweisen. Für das Zivilrecht bedeutet das, dass Eltern <u>nicht automatisch</u> für die von ihren Kindern verursachten Schäden aufkommen müssen.

7.1.5 ZIVILRECHTLICHER SCHADENSBEGRIFF/HAFTUNGSUMFANG

7.1.5.1   SACHSCHÄDEN

Bei Sachschäden besteht die Ersatzpflicht in der Weise, dass zunächst die Wiederherstellung der beschädigten Sache zu leisten ist. Ist dieser Fall nicht möglich, muss die Entschädigung durch Geldleistung erfolgen *(§ 251 BGB)*.

7.1.5.2   VERMÖGENSSCHÄDEN

Bei Vermögensschäden besteht Anspruch auf Entschädigung durch Geldleistung *(§ 249 ff BGB)*. Unproblematisch sind die Rückgabe gestohlener und unterschlagener Gegenstände (Geschädigter verliert durch den Diebstahl <u>*nicht das Eigentum*</u>, sondern <u>*den Besitz*</u>, siehe *§ 985 BGB)*.

Dieser Anspruch bezieht sich aber auch auf Nachteile, die durch die unerlaubte Handlung dem Geschädigten sowohl für den Erwerb von Vermögen (z.B. entgangener Gewinn) als auch zur Vermehrung (z.B. entgangene berufliche Qualifizierung) entstanden sind *(§§ 252, 842 BGB)*.

Hierbei muss der Geschädigte jedoch sehr genau nachweisen, dass es sich als Folge aus einer unerlaubten Handlung um entgangene Dinge handelt, die zu seinen Gunsten verlaufen wären, wenn nicht durch das Verhalten des Schädigers eine Verhinderung eingetreten wäre.

7.1.5.3   GESUNDHEITSSCHÄDIGUNGEN

Bei Körperverletzungen kann Schmerzensgeld verlangt werden.
Der Schmerzensgeldanspruch *(§ 847 BGB)* hat zwei Komponenten:

- Ausgleichsfunktion
- Genugtuungsfunktion (und damit auch *Sanktionscharakter*).

Ein Schmerzensgeldanspruch ist nicht übertragbar. Bei der Höhe des Schmerzensgeldes gibt es keine festgelegte Regelung, die Vereinbarung liegt im freien Ermessen *(vgl. § 287 ZPO; § 249 BGB)*.

Als Orientierungshilfe kann die „Hacks-Schmerzensgeld-Tabelle"[28] dienen, die alle 2 Jahre in überarbeiteter Auflage erscheint. Hierbei darf jedoch nicht vergessen werden, dass in dieser Tabelle Urteile von Zivilgerichten in Einzelfällen aufgeführt sind, die grundsätzlich nicht auf andere Fälle übertragbar sind. Sie ist daher als Orientierungshilfe zu behandeln.

Wenn dem Beschuldigten das geforderte Schmerzensgeld zu hoch ist, dann kann er sich

a) an einen Rechtsanwalt wenden

b) auf den Zivilrechtsweg verweisen

c) einen Vorbehalt einräumen

d) einen Teilbetrag zahlen, um sein Bemühen um einen Ausgleich mit dem Geschädigten unter Beweis zu stellen

---

[28] Hacks, S., Wellner, W., Häcker, F. (2018): Schmerzensgeld-Beträge, (Buch mit CD-ROM und Online-Zugang, Bonn.

Wenn dem <u>Geschädigten</u> das Schmerzensgeldangebot <u>zu niedrig</u> ist, dann gelten die gleichen vier Möglichkeiten. Aber die Justiz kann dem Täter zur Auflage machen, einen Teilbetrag zu leisten, bzw. einen Teilbetrag anzuerkennen. Damit kann der Beschuldigte sein Bemühen zum Ausdruck bringen, einen Ausgleich mit dem Geschädigten zu erreichen, auch wenn keine abschließende Regelung getroffen werden kann. Dies führt unter anderem zur Reduzierung des Streitwertes in einem Zivilprozess. Daran orientieren sich auch die weiteren Verfahrenskosten, z.B. auch Anwaltskosten.

Für den Vermittler ist wichtig, dass er anhand der ADAC-Schmerzensgeldtabelle *nicht berechtigt* ist, den Beteiligten eine bestimmte Summe *vorzuschreiben*. Er kann lediglich bestimmte Vorschläge *unterbreiten*.

Bei Körperverletzungen ist ein ärztliches Attest erforderlich. Im Ermittlungs- oder Strafverfahren sollte darauf hingewirkt werden, dass die Justiz dies anfordert. Die Staatsanwaltschaft benötigt das Attest oftmals auch um den Tatbestand der Körperverletzung dokumentieren zu können.

Bei Körperverletzung ist für die Begleichung der Behandlungskosten als mittelbarer Schaden nicht der Geschädigte der Ansprechpartner, sondern *die Krankenkasse*. Diese hat einen Überleitungsanspruch (eigenständiger Kostenerstattungsanspruch gemäß *§ 116 SGB X*).

Da der Vermittler neutral ist, sollte er Vereinbarungen *nicht mit unterschreiben*. Auch darf er Gelder nicht selbst einziehen, sondern nur entgegennehmen und weiterleiten.

In eine Vereinbarung können im Interesse einzelner Parteien folgende Klauseln eingebaut werden:

a) eine (Rest-)Summe wird in einem Betrag fällig, wenn eine Rate mit mindestens 10 oder 14 Tagen in Rückstand ist *und*

b) Ansprüche, die kraft Gesetzes auf die gesetzlichen Sozialversicherungsträger übergegangen sind oder noch übergehen werden, sind von der Vereinbarung ausgeschlossen

7.2 VERTRÄGE UND VEREINBARUNGEN

7.2.1 FORM

Grundsätzlich bedürfen Verträge keiner besonderen Form, um wirksam zu sein. Sie können daher mündlich, schriftlich oder mittels Gestik (z.B. Handschlag) geschlossen werden. Nur Ausnahmsweise hat der Gesetzgeber für bestimmte Vertragsarten Formerfordernisse aufgestellt (z.B. für das Testament, § 2247 BGB).

Für die Mediation – auch innerhalb des Täter Opfer Ausgleiches – besteht indes kein gesetzliches Formerfordernis. Eine entsprechende Abschlussvereinbarung über das Ergebnis der Konfliktregelung muss daher nicht zwingend schriftlich geschlossen werden. Es wird jedoch empfohlen, diese Vereinbarung schriftlich festzuhalten, um Klarheit bzw. Eindeutigkeit und Beweisbarkeit dessen, was geregelt wurde zu erhalten. Die Vereinbarung sollte von allen Parteien unterschrieben werden, bei Minderjährigen sollte zudem der gesetzliche Vertreter unterschreiben. Die schriftliche Dokumentation ist auch im Hinblick auf eine mögliche Vollstreckbarerklärung (§ 796d ZPO) sinnvoll.

Folgende Aspekte sollten möglichst in der Vereinbarung festgehalten werden:

- unstreitigen Geschehensablauf schildern
- vereinbarte Art und Weise sowie Zeitpunkt der Wiedergutmachung (z.B. bei Geldleistungen Zahlungsmodus festhalten / angemessene Raten bestimmen)
- Informationen über Folgen bei Nichteinhaltung der Vereinbarung

Grundsätzlich sollten alle Parteien auf die Möglichkeit hingewiesen werden, dass die Vereinbarung vor endgültiger Unterzeichnung durch einen externen Berater und/oder in rechtlicher Hinsicht z.B. durch einen Rechtsanwalt überprüft werden kann. Insbesondere bei hohen Schadenssummen oder nicht absehbaren Folgeschäden sollte dies geschehen.

7.2.2 GESETZES- UND SITTENWIDRIGKEIT

Die getroffenen Vereinbarungen dürfen weder nach § 134 BGB gegen ein gesetzliches Verbot verstoßen (z.B. Begehung einer Straftat) noch nach § 138 BGB sittenwidrig sein (z.B. keine sexuelle Gegenleistung).

7.2.3 ABGRENZUNG: MEDIATION UND RECHTSBERATUNG

Der Mediator wirkt drauf hin, dass die Konfliktparteien eigenständig eine Lösung erarbeiten. Er darf dabei weder den Konflikt rechtlich würdigen noch auf einen bestimmten rechtlichen Regelungsvorschlag hinwirken, da dies gegen das Rechtsdienstleistungsgesetz verstoßen würde. Unbedenklich ist aber die Darstellung rechtlicher und tatsächlicher Handlungsoptionen. So kann der Mediator mögliche Schadenswiedergutmachungen beispielhaft aufzählen. Beispielsweise darf der Mediator auf die ADAC-Schmerzensgeldtabelle hinweisen, nicht aber einen konkreten Vorschlag zur tatsächlichen Höhe des Schmerzensgeldes geben.
Auch ist ein Hinweis auf das Bestehen eines Opferfonds und der Modalitäten möglich.

7.3   VERJÄHRUNG

Schadensersatzansprüche aus unerlaubten Handlungen verjähren nach 3 Jahren *(§ 195 BGB)*. Rechtskräftig festgestellte Ansprüche verjähren dagegen erst nach 30 Jahren (z. B. Urteile eines Zivilgerichts, notarielle Beurkundungen, Vollstreckungsbescheide).

7.4   MITVERSCHULDEN

Da bei Körperverletzungsdelikten häufig Provokationen vorausgehen, wird in vielen Fällen ein Mitverschulden des Geschädigten bei der Festlegung der Entschädigungsansprüche mit zu berücksichtigen sein.

§ 254 BGB regelt, dass eine prozentuale Verteilung der Ansprüche zwischen Schädiger und Geschädigten bei dessen Mitverschulden zu erfolgen hat. Dies kann sich auf den Erstattungsanspruch z.B. der Krankenkasse auswirken. Reduziert er sich prozentual entsprechend dem

Mitverschulden des versicherten Geschädigten, braucht dieser seinerseits nach einem Abkommen der Krankenkassen untereinander nicht für den Differenzbetrag aufzukommen.

7.5 GESAMTSCHULDNERISCHE HAFTUNG

Bei mehreren Beschuldigten kann jeder Einzelne als Gesamtschuldner in Anspruch genommen werden. Der Beschuldigte, der „alles alleine bezahlt", hat allerdings einen Erstattungsanspruch gegenüber seinen Mittätern.

Die Gesamtschuldnerhaftung ist zum Schutze des Gläubigers da, damit dieser nicht alleine das Kostenrisiko trägt und somit – bei mehreren Tätern – jedem einzelnen „hinterherlaufen muss". Wenn ein Beschuldigter nicht zahlt, tragen die übrigen Beschuldigten dessen Anteil mit *(§§ 421, 426, 840 BGB)*. Sie haben in solchen Fällen einen Erstattungsanspruch gegen ihren säumigen Mittäter (§ 426, II BGB).

7.6 SCHWEIGEPFLICHT

Eine Schweigepflicht bei Sozialarbeitern gibt es nicht. Auch haben sie kein Zeugnisverweigerungsrecht *(§ 53 StPO)*. Da der Abschlussbericht des Vermittlers in der Ermittlungsakte enthalten ist, kann bei einer Verhandlung der Vermittler durchaus als Zeuge in Betracht kommen. In der Praxis kommt dieser Fall – zumindest bei Vermittlern der Jugendgerichtshilfe – äußerst selten vor.

7.7 VERSICHERUNGSSCHUTZ BEI ARBEITSLEISTUNGEN IM RAHMEN DES OPFERFONDS

Grundsätzlich sind Jugendliche und Heranwachsende, die Arbeitsleistungen im Rahmen eines Strafverfahrens erbringen, gemäß § 2, II SGB VII (Tätigkeit aufgrund strafrechtlicher Anordnung) durch den Gemeindeunfallversicherungsverband (GUV) gegen Unfall versichert.

Bei Arbeitsweisungen besteht generell keine Haftpflichtversicherung. Sofern die Einrichtung, bei der der Jugendliche/Heranwachsende seine Arbeit erfüllt, über keine (Gruppen-) Haftpflichtversicherung verfügt, kann sie über den Opferfonds-Verein finanziert werden.

Dies ist nicht nötig, wenn der Jugendliche/Heranwachsende über seine Eltern haftpflichtversichert ist.

7.8 OPFERENTSCHÄDIGUNGSGESETZ

Die Opfer von Gewalttaten können nach dem Opferentschädigungsgesetz <u>auf Antrag</u> Heilbehandlungs- Renten- und Fürsorgeleistungen erhalten.

***Voraussetzung*:**

Das Erleiden einer gesundheitlichen Schädigung durch einen

- <u>vorsätzlich begangenen rechtswidrigen Angriff</u> *oder*
- <u>bei dessen rechtmäßiger Abwehr.</u>

Eine Verurteilung des Schädigers ist als Voraussetzung nicht erforderlich.

Zuständig sind die Versorgungsämter. Zur Gewährleistung ist das jeweilige Bundesland verpflichtet, in dem die gesundheitliche Schädigung eingetreten ist. Bei Streitigkeiten nach dem Opferentschädigungsgesetz ist die *Sozialgerichtsbarkeit* zuständig *(§§ 1, 4 und 7 OEG).*

Sach- und Vermögensschäden werden nicht erstattet!
Schmerzensgelder werden ebenfalls nicht gewährt!

Leistungen werden nicht gewährt, wenn der Geschädigte die Schädigung selbst mit verursacht hat (*Mitverschulden*), oder es unterlassen hat, das ihm Mögliche zur Aufklärung des Sachverhaltes zu unternehmen, und zur Verfolgung des Beschuldigten beizutragen.

Das Opferentschädigungsgesetz findet keine Anwendung bei Schäden aus tätlichen Angriffen, die durch den Gebrauch eines Kraftfahrzeuges verursacht wurden. Hierzu kann ein Antrag an den *„Entschädigungsfonds für Schäden aus Kraftfahrzeugunfällen"* gerichtet werden (erreichbar über den Verein *„Verkehrsopferhilfe e.V."* in Hamburg).

Über das OEG informiert die Broschüre „Hilfe für Opfer von Gewalttaten", erhältlich über das Bundesministerium für Arbeit und Sozialordnung.

Auf die Behandlung weitergehender spezifischer Rechtsfragen verzichten wir an dieser Stelle. Wir empfehlen, im konkreten Einzelfall fachkundigen Rat einzuholen.

Als Übung bietet sich an, das Fallbeispiel (Kapitel 4.4) nach seinen zivilrechtlichen Besonderheiten unter Benennung der maßgeblichen Paragraphen zu untersuchen.

Vermitteln ist vorrangig eine methodische und kommunikative Aufgabe,
keine Rechtsberatung.

Unterschiedliche Sichtweisen – auch zur Höhe des Schmerzensgeldes – sind für den Vermittler normal. Seine Aufgabe besteht darin, mit den Konfliktparteien die hinter den Positionen stehenden Bedürfnisse und Interessen herauszuarbeiten, um so eine Annäherung zu ermöglichen.

KAPITEL VIII

KOOPERATION MIT VERFAHRENSBETEILIGTEN

8.1 DIE POLIZEI

Die Polizei wird an der Durchführung eines TOA oft nur mittelbar beteiligt. Durch Polizeiberichte bzw. Vernehmungsprotokolle kann sich die Jugendgerichtshilfe frühzeitig um einen Ausgleich bemühen, wenn ersichtlich ist, dass ein geeigneter Fall vorliegt.

Im Rahmen der Haftentscheidungshilfe erfolgt eine frühzeitige Kontaktaufnahme mit der Polizei, wenn die JGH informiert wird, dass sich ein Jugendlicher oder Heranwachsender in Polizeigewahrsam befindet.

Die Polizei ist in der Regel diejenige Instanz, die zu Konfliktfällen gerufen wird und Kontakt zu Täter und Opfer aufnimmt. Durch ihre Ermittlungsarbeit ist sie in der Lage, sich ein Bild von der Situation und der Beziehung der Beteiligten untereinander zu machen. Somit ist die Arbeit der Polizei auch eine geeignete Grundlage bei der Prüfung eines Falles auf seine Eignung zum TOA.

Aus Sicht der Opfer ist die Polizei nicht immer nur die Behörde, die mit der Strafanzeige automatisch das Verfahren gegen den Beschuldigten einleiten soll. Für sie ist die Polizei als Ordnungs- und Dienstleistungsbehörde rund um die Uhr erreichbar. Sie wird gebraucht zur Krisenintervention, zur Beendigung von Streitigkeiten, um für „Ruhe und Ordnung" zu sorgen. Dem Opfer soll sie in seiner Wut, Verzweiflung und Angst als Ansprechpartner dienen.

In anderen Fällen soll sie als „Notar" dienen, um versicherungstechnische Ansprüche durchsetzen zu können.

Die meisten Bundesländer haben Richtlinien zur Durchführung des TOA erlassen. So achten in Nordrhein-Westfalen (z.B. in Aachen) Jugendsachbearbeiter der Polizei bei ihren Vernehmungen regelmäßig auf die Eignung zum Täter-Opfer-Ausgleich.

Die Polizei hat in vielen Städten einen Opferschutzbeauftragten, mit dem speziell ein regelmäßiger Austausch erfolgen sollte. Er setzt sich mit der rechtlichen, psychologischen und sozialen Situation der Geschädigten auseinander. Er entwickelt die für die Fallbearbeitung durch die Jugendsachbearbeiter benötigten Merkblätter und Vordrucke. Bei der Bearbeitung von Strafanzeigen verweisen die Jugendsachbearbeiter/innen der Polizei u.a. auf die Jugendgerichtshilfe als Anlaufstelle. Sie zu nutzen ist besonders wichtig, da Gewalt vor allem ein Thema unter gleichaltrigen Jugendlichen ist.

8.2   DIE STAATSANWALTSCHAFT

Die Kooperation mit der Staatsanwaltschaft bildet den Schwerpunkt beim Täter-Opfer-Ausgleich. Die Verfahren werden überwiegend im Wege der Diversion abgeschlossen (70 – 80 %). Dies unterstreicht, dass die Staatsanwaltschaft den erzieherischen Wert eines Ausgleichs auf den Täter einerseits und die verstärkte Berücksichtigung der Opferinteressen andererseits akzeptiert. Die Verfahrenserledigung im Vorverfahren bringt einen enormen Zeitvorteil, der allen Beteiligten zu Gute kommt.

Der Jugendstaatsanwalt/ die Jugendstaatsanwältin begleitet und kontrolliert die Durchführung des TOA bis zum Abschluss. Bei einer Anklageerhebung ist dies nur bedingt möglich, da zur abschließenden Bewertung des Ausgleichsergebnisses in der Hauptverhandlung meist Referendare und Ober/-Amtsanwälte die Sitzungsvertreter der Staatsanwaltschaft sind.

8.3   DAS JUGENDGERICHT

Nach Anklageerhebung erfolgt die Anregung zu einem TOA meist durch die Jugendgerichtshilfe. Sie prüft in der Regel im Gespräch mit dem Jugendlichen die Eignung des Falles.
Selten wird der TOA als Weisung nach § 10 JGG per Urteil in der Hauptverhandlung festgesetzt.

Das Opfer kann dazu nicht „mitverurteilt" werden. Erfolgt dies hin und wieder doch, war eine abschließende Regelung vor der Hauptverhandlung nicht möglich, jedoch wird zuvor die Bereitschaft der Betroffenen zur Mitarbeit ausdrücklich geklärt.

Grundsätzlich sind die Jugendgerichte bereit, ein Verfahren nach erfolgreichem Ausgleichsversuch einzustellen, insbesondere bei Vergehen wie Körperverletzung und Diebstahl oder Sachbeschädigung.

Bei schwerwiegenderen Vergehen/Verbrechen wie Raub und räuberische Erpressung, die vornehmlich bei einem Jugendschöffengericht anhängig sind, mildert der TOA die zu erwartende Sanktion.

8.4 RECHTSANWÄLTE IM AUSGLEICHSVERFAHREN

Rechtsanwälte sind unabhängige Organe der Rechtspflege (§ 1 Bundesrechtsanwaltsordnung).

Ihr berufliches Handeln wird durch die Interessen ihrer Mandanten und die Standesregeln bestimmt.

Rechtsanwältinnen und Rechtsanwälte sind zur umfassenden Beratung sowie zur gerichtlichen und außergerichtlichen Vertretung in allen Rechtsangelegenheiten berufen.

Alle Bürger sind auf der Grundlage der Wahlfreiheit berechtigt, sich durch Rechtsanwälte in allen Rechtsangelegenheiten vor Gerichten, Behörden oder Schiedsgerichten vertreten zu lassen (teilweise eingeschränkt durch den sogenannten Anwaltszwang, d.h. die Verpflichtung, sich in manchen Prozessen durch Rechtsanwälte vertreten zu lassen – geregelt durch die jeweilige Prozessordnung).

Rechtsanwälte sind die Fachleute, an die sich die Ratsuchenden (Mandanten) wenden, wenn sie mit eigenen Mitteln keine Konfliktlösung herbeiführen können. Sie sind die Experten für die juristische Problemlösung, für die sie die Vollmacht und das Vertrauen ihrer Mandanten erhalten.

Ihre wesentlichen Aufgaben sind juristische Beratung und Vertretung

---

Beraten bedeutet, die Ist-Situation zu analysieren, auf rechtlichem Gebiet zu untersuchen sowie alle erforderlichen Informationen einzuholen und weiterzugeben. Die Bestimmung der Ist-Situation ist die Grundlage für die Wahl des Weges zur Konfliktlösung.

Vertreten heißt, an der Verwirklichung eines Zieles im Interesse des Mandanten zu arbeiten mit einer den größtmöglichen Nutzen bringenden Problemlösung.

Die Aufzählung und Beschreibung aller anwaltlichen Vertretungsmöglichkeiten würden den Rahmen dieser Ausarbeitung sprengen und zudem durch uns Nicht-Juristen anmaßend erscheinen.

Aufgrund mehrjähriger Berufspraxis in der Jugendgerichtshilfe und der Ausgleichsarbeit im TOA halten wir es für sinnvoll, 2 Eckpfeiler anwaltlicher Vertretungsmöglichkeiten kurz zu unterscheiden:

a) der Rechtsanwalt als Anwalt des Täters,
b) der Rechtsanwalt als Anwalt des Opfers.

Wie bereits an anderer Stelle dargelegt, kann ein Rechtsanwalt im Strafverfahren zu unterschiedlichen Verfahrenszeitpunkten als Wahl- oder Pflichtverteidiger tätig werden.

Rechtsanwälte stellen für ihre Mandanten eine wichtige Ressource
zur Konfliktlösung dar.

Im Hinblick auf die unterschiedlichen Interessen der beteiligten Konfliktparteien erscheint uns folgende Frage interessant:

Gibt es ein besonderes Rollenverständnis des Täter- und des Opferanwalts?

8.4.1 DER RECHTSANWALT ALS TÄTERANWALT

Nach **Kahlert** hat der Strafverteidiger „einseitig und parteilich die Interessen seines Mandanten wahrzunehmen! Er hat seine Privilegierung im Strafprozess, die er in der Strafprozessordnung in bestimmten Punkten genießt, einseitig zugunsten seines Mandanten auszurichten. Er hat aus der Schutzfunktion dem Beschuldigten gegenüber den Auftrag, eine möglichst geringe oder keine Sanktionierung für ihn zu erzielen. Dazu gehört als zweites, dass keine oder nur geringe Schadensersatzpflichten festgestellt werden."[29]

---

[29] Kahlert, C. (1980): Ausgleich zwischen Täter und Opfer aus der Sicht des Strafverteidigers. In: Trierer Protokolle 9/1980 der kath. Akademie Trier, S. 80 ff.

Im Hinblick auf die Täterinteressen wird er stets eine Lösung anstreben, die sowohl strafrechtliche Zusatzsanktionen als auch zivilrechtliche Streitigkeiten vermeidet.

Der Täteranwalt ist absolut täterorientiert.

Das Opfer spielt für ihn nur eine sekundäre Rolle. Ausgleichsbemühungen sind allenfalls nur dann eine bewährte „Verteidigungsstrategie", wenn sie zugunsten seines Mandanten ausgelegt werden können. Und hierin liegt eine echte Chance für außergerichtliche Lösungen!

8.4.2 DER RECHTSANWALT ALS OPFERANWALT

Kahlert sieht das Rollenverständnis des Opferanwalts wie folgt „eindeutig definiert": Auch er hat die Verpflichtung, die Interessen seines Mandanten einseitig und parteilich wahrzunehmen.

Aus der Funktion des Opferschutzes heraus ist sein Auftrag auf das Ziel einer möglichst hohen Bestrafung und auf die Feststellung einer möglichst hohen Schadensersatzpflicht des Täters gerichtet. Mit den rechtlichen Möglichkeiten der Privatklage (nach einem gescheiterten Sühneversuch beim Schiedsmann), des Mahnverfahrens, der Strafanzeige und des -antrages, der Nebenklage und Zivilklage verfügt der Opferanwalt über umfangreiche Vertretungsrechte, um dem Täter „den Kampf durch die Instanzen anzusagen". Wie zuvor beschrieben, sind diese Möglichkeiten bei Jugendlichen und Heranwachsenden zum Teil nur eingeschränkt oder überhaupt nicht möglich (vgl. Kapitel II, 2.6: „Zur Problematik der Trennung von Straf- und Zivilrecht").

Der Opferanwalt ist absolut opferorientiert.

Die Belange des Täters sind nur von geringem Interesse.

Betrachtet man jedoch die unterschiedlichen Interessenslagen näher, erkennt man, dass sie im Grunde kaum im Widerspruch zueinander stehen. Knapp formuliert: Die Erwartung des Täters auf eine geringe oder ausbleibende Sanktion kann den Anreiz bieten, sich auf die

Wiedergutmachungsbedürfnisse des Geschädigten einzulassen. Und umgekehrt. Das Respektieren der individuellen Interessen bedeutet, für sich selbst die Chance auf optimale Geltendmachung seiner eigenen Bedürfnisse zu wahren oder zu verbessern.

Erkennt der Geschädigte, dass die Vermeidung von Verfahrenskosten (sowohl im Straf- als auch im Zivilverfahren) und z.B. der Zahlung einer Geldstrafe/Geldbuße dem Täter den erforderlichen Spielraum für Wiedergutmachungsleistungen einräumt, ist er eher bereit, sich vor allem im eigenen Interesse auf die „Gewinner-Gewinner-Strategie" einzulassen. Dasselbe gilt auch für den Täter: Die Wiedergutmachungsbedürfnisse des Geschädigten zu respektieren bedeutet, sich durch eine vermeidbare Verurteilung vom Makel des Straffälligen zu befreien, sich und dem Konfliktpartner weitere Kosten, Ärger und Zeitaufwand zu ersparen.

Die Maximalforderung des Opfers, „viel Strafe für den Täter",
bedeutet auch „viel Strafe" für das Opfer.
Auch das Minimalangebot des Täters, „wenig Wiedergutmachung für das Opfer",
bedeutet wenig Strafmilderungs- oder -verzichtsgründe für ihn selbst.
Die Verfolgung der ausschließlich eigenen Interessen ist kontraproduktiv!

Denn wird einerseits der Täter durch eine Geldbuße, -strafe oder Freiheitsentziehung zu hoch belastet, ist er zur Wiedergutmachung zugunsten des Opfers nicht mehr fähig. Andererseits kann er weder im Straf- noch im Zivilverfahren wirklich Entlastendes zu seinen eigenen Gunsten in die Waagschale werfen, wenn er sich nicht ernsthaft um einen Ausgleich mit dem Geschädigten bemüht.

Ein weiterer Aspekt ist, dass die jeweiligen Mandanten mit dem Auftrag der **Interessensvertretung** an den Rechtsanwalt **nicht** gleichzeitig ihren Anteil am **Konflikt abtreten**.

Der Versuch, zwischenmenschliche Probleme zu ent-emotionalisieren und einem rechtlichen Tatbestand zu subsumieren darf nicht an den wirklichen Bedürfnissen und Interessen von Opfer und Täter als den vom Konflikt Betroffenen vorbeigehen.

So erscheint es aus unserer Sicht für Rechtsanwälte beachtenswert, den subjektiven Konflikt den Konfliktparteien zu belassen, und vorrangig im Rahmen der rechtlichen Vertretungsmöglichkeiten zu prüfen, welcher Weg oder welches Verfahren der Konfliktregelung am besten geeignet erscheint. Kurz:

Das WIE der Konfliktregelung ist entscheidend für das WAS!

Einseitige Interessensvertretung zwingt einen Rechtsanwalt oft zum Perspektivenwechsel: Als Anwalt des Täters sieht er die Sache anders als als Anwalt des Opfers. Je nach Rolle wird ein und derselbe Sachverhalt unterschiedlich betrachtet und bewertet. Vor diesem Rollentausch stehen Rechtsanwälte täglich.

Der Auftrag des Beratens und Vertretens bedeutet auch, vorhandene Wahlmöglichkeiten zu erkennen, abzuwägen und möglichst eine Eskalation des Konflikts zu vermeiden.

Der Rechtsanwalt – als Organ der Rechtspflege -
dient ebenfalls der Wiederherstellung des Rechtsfriedens

8.4.3 PERSPEKTIVENWECHSEL – DER RECHTSANWALT UND DIE KONFLIKTORIENTIERUNG

Rechtsanwälte könnten einen „neuen Weg" des Perspektivenwechsels einschlagen: Die Konfliktorientierung – um die Geltendmachung der Ansprüche ihrer Mandanten zu optimieren.

Erkundigt sich der Rechtsanwalt nach der Interessenlage der anderen Konfliktpartei, erweitert sich das Feld der Lösungsmöglichkeiten. Die Position der anderen Partei dient als Ausgangspunkt für faire Verhandlungen.

Hierbei haben die Anwälte ihren Mandanten gegenüber den klaren Vorteil, dass sie selbst nicht persönlich durch den Konflikt betroffen und dadurch in der Lage sind, **eine Sicht von außen zu gewinnen.** Dies ist in der Tat ein Gewinn, da sie einerseits zwar einseitig an den

Bedürfnissen ihres Mandanten orientiert sind, andererseits dadurch nicht selbst blockiert und in ihrer Wahrnehmung eingeschränkt sind. Mit ihren rechtlichen Kenntnissen können sie optimal Ziele formulieren, unter Wahrung der vorhandenen Vertretungsmöglichkeiten gleichermaßen integrierend und de-eskalierend wirken. Sozusagen als ultima ratio im Falle des Scheiterns stehen ihnen andere Optionen ausreichend zur Verfügung. Die Grundhaltung ist parteilich und dennoch neutral: Er darf kein eigenes Interesse am Konfliktausgang haben, z.B. durch hohe Streitwerte und lange Verfahrensdauer eigene wirtschaftliche Ziele in den Vordergrund zu stellen.

> **Insbesondere wenn beide Konfliktparteien anwaltlich vertreten sind,**
> **bietet sich auf beiden Seiten die gemeinsame Chance,**
> **eine auf gegenseitiges Einvernehmen gerichtete,**
> **autonome und außergerichtliche Konfliktregelung zu treffen.**

8.4.4 DIE ZUSAMMENARBEIT VON RECHTSANWALT UND VERMITTLER

Der Rechtsanwalt verpflichtet sich, die Interessen seines Mandanten wahrzunehmen. Insofern wird von ihm Parteilichkeit erwartet und nicht notwendigerweise Neutralität.

Der Vermittler befasst sich mit der Verarbeitung subjektiver Erfahrung und bemüht sich um einen respektvollen Umgang mit unterschiedlichen Meinungen, Interessen und Positionen. Er strebt mit den Beteiligten eine Lösung an, die allen ein Höchstmaß an Vorteilen bringt. Vermittlung ist neutral.

> **Der Vermittler ist kein Jurist und macht keine Rechtsberatung.**

Er nimmt dem Rechtsanwalt die rechtliche Vertretung nicht ab, sondern unterstützt die Parteien (und die Anwälte) dabei, die rechtlichen Rahmenbedingungen durch faires Verhandeln über die unterschiedlichen Ziele zur Zufriedenheit der Konfliktpartner auszufüllen.

Der Rechtsanwalt wird durch die zwischenmenschliche, psychologische und kommunikative Intervention entlastet.

Außergerichtliche Konfliktbereinigung bewirkt mit dem Hauptziel, der Wiederherstellung des Rechtsfriedens, weitere

a) allgemeine,

b) persönliche,

c) rechtliche,

d) finanzielle,

e) und zeitliche Vorteile.

Allgemeine Vorteile:

- Einvernehmen („Einigen statt Peinigen"),
- zwei Gewinner (statt „Gewinner/Verlierer"),
- Erhaltung der zwischenmenschlichen Beziehung,
- Zukunftsorientierung (statt Vergangenheitsbewältigung).

Persönliche Vorteile für die Betroffenen:

- Privatautonomie (private Regelung statt „Richterspruch von außen"),
- Entlastung (von psychischen und physischen Beeinträchtigungen),
- beidseitige Respektierung des persönlichen Anliegens,
- Förderung des gegenseitigen Verständnisses,
- subjektive Sichtweisen vor objektive Wahrheit („Wer kann beurteilen, was wahr ist?"),
- Aufhebung von zwischenmenschlicher Anonymität,
- freiwillige Teilnahme,
- Ausstieg jederzeit möglich,
- Diskretion (die Öffentlichkeit wird herausgehalten).

Rechtliche Vorteile:

- Gestaltungsfreiheit unter Wahrung aller Rechte,
- „ein Konflikt, eine Lösung" – Aufhebung der Zweigleisigkeit von Zivilrecht und Strafrecht,
- der rechtliche Rahmen wird inhaltlich durch gemeinsames Handeln ausgefüllt,

- Milderung bzw. Reduzierung von rechtlichen Nachteilen (z.B. keine Verurteilung),
- Entlastung der Justiz.

Finanzielle Vorteile:

- Vermeidung von Gerichtskosten,
- Reduzierung der persönlichen Auslagen,
- unbürokratische und zügige Wiedergutmachung,
- vermeidbare Verfahrenskosten kommen dem Geschädigten zugute,
- finanzielle Belastung insgesamt nimmt ab.

Zeitliche Vorteile:

- Konfliktlösung zeitnah zur Konfliktentstehung,
- Verkürzung der Verfahrensdauer,
- mehr Zeit für andere und wichtigere Aktivitäten für alle Verfahrensbeteiligten.

Bei der Kooperation stellt sich die Frage nach dem zwingenden Nutzen nicht nur für die Betroffenen, sondern auch für die Kooperationspartner selbst.

Für die Rechtsanwälte bietet die Zusammenarbeit mit dem Vermittler diese Vorteile:

- Entlastung bei komplexen, sozialen Konflikten,
- mehr Zeit für Schwerpunktaufgaben,
- Verbesserung des Images,
- Nutzen für den Mandanten mehren (endgültige Konfliktbereinigung),
- Mehr autonome Regelungen von und unter Anwälten (z.B. durch Anwaltsvergleiche),
- Verzicht auf (Straf-) Anzeigen, Mahn- und Klageverfahren,
- Der Kontrahent des Mandanten erlebt den Anwalt als fair und ist daher potentieller „Neukunde",
- Der Konflikt wird dort geregelt, wo er entstanden ist: Zwischen den Betroffenen unter Ausschluss der Öffentlichkeit.

Die Tätigkeit des Vermittlers ist eine sozialpsychologische Spezialaufgabe, die ihm durch seine Mitwirkung an der Wiederherstellung des Rechtsfriedens ein hohes Maß an beruflicher Erfüllung bietet. Dies gilt besonders für Jugendgerichtshelfer/innen, die sonst in der Hauptverhandlung an der Sanktionierung des Täters mitwirken.

Der Täter-Opfer-Ausgleich versteht sich als ein Fachgebiet der professionellen Vermittlung in Konflikten (Mediation). Mediation hat bereits in vielen Lebensbereichen erfolgreich Einzug gehalten und trägt zunehmend dazu bei eine neue Kultur des fairen und konstruktiven Streitens zu etablieren.

Weitere Fachgebiete sind

- Familienmediation, vornehmlich bei Trennung und Scheidung,
- Streitschlichtung in der Schule (Peer-Mediation),
- Wirtschaftsmediation (in der Geschäfts- und Arbeitswelt),
- Mediation im Gesundheitswesen,
- Mediation bei Planen und Bauen,
- Umweltmediation,
- Gemeinwesenmediation (Nachbarschafts-, interkulturelle Mediation).

KAPITEL IX

TÄTER-OPFER-AUSGLEICH ALS AUFGABE DER JUGENDHILFE

Seit der Täter-Opfer-Ausgleich (TOA) im Jugendgerichtsgesetz seinen gesetzlichen Niederschlag gefunden hat, ist die Bereitschaft der freien wie öffentlichen Jugendhilfe gewachsen, der Justiz diese Alternative zu den traditionellen Sanktionsformen anzubieten.

Meist entscheiden die örtlichen Rahmenbedingungen darüber, wo und wie ein TOA-Projekt anzusiedeln ist. Das vielfach ungelöste Problem der Finanzierung lässt ein flächendeckendes Angebot durch freie Träger nicht zu.

Auch bei einer spezialisierten JGH sind die optimalen Voraussetzungen zur Durchführung des TOA selten gegeben. „Leere" Haushaltskassen der Kommunen führen nahezu überall zu dem gleichen Problem: hohe Fallzahlen, zu wenig Personal, kein Geld; dazu oft noch (zu viele) skeptische Staatsanwälte und Richter. Selbst Vorgesetzte und Kollegen stimmen dem TOA nicht immer vorbehaltlos zu.

Alle wussten: Es geht nicht.

Dann kam einer, der wusste das nicht.

Der hat`s gemacht!

Habe ich wirklich schon alles versucht? Ausgangsfrage für jede Jugendgerichtshelferin, jeden Jugendgerichtshelfer (im folgenden Vermittler genannt), ist:

Was hindert mich (wirklich) daran, <u>jetzt</u> mit TOA zu beginnen?

9.1 MIT DEM „KO-SYSTEM" ZUM ERFOLG – LEITLINIEN FÜR DEN AUFBAU EINES TOA-PROJEKTS

Wie lässt sich der TOA so konstituieren, dass er sich nicht nur als Projekt, sondern auch nachhaltig als dauerhaftes Angebot etablieren lässt?

Konstitution bedeutet hier Aufbau und Entwicklung zu einer festen Einrichtung der Jugendstrafrechtspflege. Konstitution besteht aus mehreren Komponenten, die alle mit „Ko-" beginnen („Ko-System"):

- **Konzeption**   (Was überzeugt?)
- **Kompetenz**   (Fachliches Wissen und Können)
- **Kontakt**   (mit allen ins Gespräch kommen)
- **Konsens**   (Einigkeit bei Fallauswahl und Verfahrensweise)
- **Konsequenz**   (zuverlässige Fallbearbeitung und Information)
- **Kontinuität**   (im Gespräch bleiben; innovativ sein)
- **Kosten**   (Finanzierung; Opferfonds)
- **Kooperation**   (Vernetzung der Vermittler im Landgerichtsbezirk)
- **Kollegialität**   (interne Unterstützung durch die Kolleginnen/Kollegen).

Zu den „Ko"-Faktoren im Einzelnen:

9.1.1 KONZEPTION

Die Konzeption stellt die umfassende Zusammenstellung der Ziele und der daraus abgeleiteten Strategien und Maßnahmen zur Umsetzung des TOA dar. Sie beinhaltet die dazu notwendigen Informationen und Begründungszusammenhänge sowie einen Maßnahmen- und Ressourcenplan (Zeit, Geld, Material, Personal).

Die Ziele sind u. a.

- Wiederherstellung des Rechtsfriedens,
- stärkere Berücksichtigung der Opferinteressen,
- Erweiterung des Maßnahmenrepertoires,
- Konstruktive Konfliktregelung fördern,

- Aufhebung der Trennung von Straf- und Zivilrecht („Eine Tat – ein Verfahren"),
- Ausgleich statt Strafe.

Weitere konzeptionelle Hinweise an die Adresse der Justiz:
- Gemäß § 46, II StGB ist das Verhalten des Täters nach der Tat, „besonders sein Bemühen, den Schaden wieder gut zu machen", ein Strafmilderungsgrund. Diese Möglichkeit sollte einem geständigen Täter stets eingeräumt werden (vgl. auch § 155 a StPO.),
- Eingesparte Verfahrenskosten können dem Geschädigten direkt zugutekommen. Kosten für das Straf- und Zivilverfahren, Anwaltskosten sowie Kosten für eine Geldbuße können für einen jugendlichen Täter eine derart große Belastung darstellen, dass er dem Geschädigten kaum noch eine materielle Wiedergutmachung zukommen lassen kann.

Der TOA bietet die Chance, flexibler als andere Maßnahmen auf sehr unterschiedliche Konfliktkonstellationen zu reagieren. Er räumt den Betroffenen die Möglichkeit ein, ihre Angelegenheiten selbst zu regeln, auch wenn das Strafrecht die Rahmenbedingungen bestimmt. Die unzulängliche Trennung von Straf- und Zivilrecht (eine Tat, zwei Verfahren) wird aufgehoben.

**Durch die Verfahrenserledigung in einem Zug
werden Zeitaufwand, Kosten und der damit verbundene Ärger
für die Betroffenen auf ein Mindestmaß reduziert.**

Das „doppelte Mandat" der Jugendgerichtshilfe (Jugendhilfe, Gerichtshilfe) erweitert sich um das Mandat der Opferhilfe. Der Anspruch, mehreren Rollen gerecht zu werden, nimmt für den Vermittler zu. Daher ist anzustreben, dass der Vermittler im konkreten Einzelfall keine täterorientierte Jugendgerichtshilfe betreibt.

Der TOA setzt an beim positiven Potenzial der Betroffenen: Die Bereitschaft, Verantwortung für eigenes Handeln zu übernehmen, aus Fehlern zu lernen, die Belange des anderen zu berücksichtigen und daher aktiv und konstruktiv an einer Konfliktlösung mitzuarbeiten.

Mit dem TOA rückt die Jugendgerichtshilfe aus der einseitigen Straffälligenhilfe heraus und beweist als ein Teilbereich der kommunalen Selbstverwaltung „mehr Bürgernähe", indem sie sich nicht mehr nur um die beschuldigten, sondern auch um die geschädigten Bürger kümmert.

Vermitteln als neue Aufgabe der Jugendgerichtshilfe bedeutet auch, als Berater und Vermittler persönlich mehr positiven Einfluss auf eine endgültige Bereinigung eines Alltagskonfliktes der Beteiligten zu nehmen, was in der Regel nicht das Ziel einer Hauptverhandlung ist.

9.1.2 KOMPETENZ

Wesentliche Voraussetzung für die erfolgreiche Durchführung des TOA ist die persönliche Motivation des Vermittlers. TOA sollte nicht „von oben" angeordnet werden („das machst du jetzt!"). Der Vermittler soll eigenes Interesse an der Ausgleichsarbeit mitbringen. Er soll zum einen davon überzeugt sein, dass der TOA einen entscheidenden Beitrag zur Entkriminalisierung von Jugendstraftaten leistet. Zum anderen muss er auch einsehen, dass das Strafrecht und damit auch die Jugendgerichtshilfe als ein Teil der Jugendstrafrechtspflege die Opferinteressen bisher vernachlässigt haben. Vermitteln ist für Sozialpädagogen/Sozialarbeiter eine neue Herausforderung, die eine hohe soziale und kommunikative Kompetenz verlangt. Gefragt ist vorrangig die Konfliktbereinigung, die den Bedürfnissen des Täters und des Geschädigten gleichermaßen dient, nicht mehr die Erforschung der Persönlichkeit des Jugendlichen, um einzelnen Täterinteressen gerecht zu werden.

Zum TOA gibt es Fachliteratur (Fachbücher, Aufsätze, Erfahrungsberichte anderer Projekte) in ausreichendem Maße. Des Weiteren werden Fortbildungen, Seminare, Arbeitstagungen und Fachkonferenzen regelmäßig angeboten.

Fachliches Wissen und methodische Fertigkeiten lassen sich ohne praktische Erfahrung nur unzureichend aneignen. Gerade zu Beginn der Projektphase ist intensive Schulung begleitend zu ersten praktischen Gehversuchen anzuraten.

Erforderlich sind umfassende Kenntnisse in den Bereichen Kriminologie, Viktimologie, Soziologie, Strafrecht und Zivilrecht.

Beim Besuch von Fortbildungsveranstaltungen ist darauf zu achten, ob sie eher fachtheoretisches Wissen vermitteln oder aber dazu dienen, praktisch-methodisches Handeln zu üben.

Das Angebot sollte dem aktuellen Kenntnisstand entsprechen. Es darf weder unter- noch überfordern.

Bevor man sich für eine bestimmte Veranstaltung entscheidet, sollte man sich, soweit das möglich ist, vergewissern, ob sich die vermittelten Inhalte in der eigenen Praxis umsetzen lassen. Dazu empfehlen wir, sich gegebenenfalls vorab beim Veranstalter zu informieren.

Methodisches Vorgehen, fachliches und rechtliches Wissen in der konkreten Fallarbeit machen das Know-How des Vermittlers aus. Hier die erforderlichen Mindeststandards wiederzugeben, würde den Rahmen dieser Arbeit sprengen und könnte zudem die praktische Erfahrung nicht ersetzen.

Fachliche Kompetenz setzt an beim beruflichen Selbstverständnis des Vermittlers. Er ist kein Schiedsmann, kein Richter, kein Anwalt, kein Unterhändler. Er ist vielmehr ein Kommunikator, der es verstehen sollte, die beteiligten Parteien miteinander ins Gespräch zu bringen und dazu beizutragen, dass sie in der konstruktiven Konfliktlösung über all ihre Fähigkeiten und Ressourcen verfügen können, die sie benötigen, um ihr Ziel zu erreichen.

9.1.3 KONTAKT

Erkennt ein Staatsanwalt oder ein Richter die Bereitschaft des Jugendlichen und das Bedürfnis des Geschädigten auf Konfliktbeilegung und Wiedergutmachung nicht vorbehaltlos an, kann für ihn überzeugend sein, dass z.B. „Normverdeutlichung" durch den TOA besser und effektiver erreicht werden kann als durch die alleinige Sanktionierung des Täters.

TOA ist nicht selektiv, sondern integrativ. Die hohen Erfolgsquoten des TOA (ca. 80 – 90 %) belegen, dass er von den Geschädigten angenommen wird. Weder wird der Täter (nur) sanktioniert noch wird das Opfer mit seinem Bedürfnis auf Wiedergutmachung allein gelassen. Unterschiedliche Interessen müssen nicht zwangsläufig im Widerspruch zueinander stehen, sondern gehen letzten Endes mit dem Hauptziel, Frieden zu stiften, konform.

Ein Frage, die immer wieder gestellt wird, ist: Was sollte die Justiz über den TOA und die durchführende Einrichtung wissen? So berechtigt diese Frage auch ist: Zu Beginn der Projektarbeit sollten sich die Projektmitarbeiterinnen und -mitarbeiter fragen: Was weiß ich über die Arbeit der Richter und Staatsanwälte?

Der Vermittler sollte seine Kooperationspartner kennen. Er muss sich über ihre Arbeitsweise informieren. Insbesondere für den Jugendstaatsanwalt kann der TOA zu einer Mehrarbeit führen, da er im Vergleich zu einer Anklageerhebung die Akte „zwei Mal auf den Tisch" bekommt. Auch die Staatsanwälte sind mit hohen Fallzahlen belastet. Für sie tritt eine Entlastung dann ein, wenn sie auf einem Vordruck TOA ankreuzen und mit einer zuverlässigen Fallarbeit durch den Vermittler rechnen können. Daher sollten die Kriterien für eine Fallzuweisung konkret und verbindlich ausgearbeitet werden.

Der Staatsanwalt muss wissen, wer sein konkreter Ansprechpartner ist. So reagieren Staatsanwälte eher zurückhaltend, wenn sie z.B. bei einem allgemeinen sozialen Dienst mit 30 Mitarbeitern, deren Zuständigkeit nach Bezirken geregelt ist, nicht wissen, wer für die Durchführung des TOA zuständig ist. Hierbei ist zu beachten, dass die Staatsanwaltschaft für einen Landgerichtsbezirk zuständig ist, in dem sich mehrere Jugendämter und auch freie Träger befinden. Daraus ergibt sich ein besonderer Bedarf an Transparenz.

Fazit: Vermittler sind gut beraten, sowohl mit Staatsanwälten und Richtern als auch mit dem Anwaltsverein in Kontakt zu treten, um das Notwendige zu erfahren und wechselseitige Überzeugungsarbeit zu leisten, um gute Rahmenbedingungen für den TOA zu schaffen.

Bei jedem Staatsanwalt und Richter sollte der Vermittler bestrebt sein, diesen in wenigstens einem Fall zu überzeugen. Zu Beginn sucht man sich den oder die Aufgeschlossenste/n und Zugeneigteste/n aus. Zur Überzeugungsarbeit gehört, den Ablauf in einzelnen Schritten zu verdeutlichen und besonders die Sichtweisen der Betroffenen hervorzuheben. Es werden die Merkmale aufgezeigt, die für den einzelnen Konfliktpartner ausschlaggebend sind, um sich auf den TOA einzulassen und die zu dem erfolgreichen Abschluss geführt haben.

Grundsätzlich ist zu empfehlen, bei den ersten Fällen die Deliktschwere nicht zu hoch anzusiedeln. Besser ist, zunächst mit einer Sachbeschädigung, einer Beleidigung oder einer einfachen Körperverletzung anzufangen, als sich auf eine Grundsatzdiskussion einzulassen, ob ein TOA bei einer Vergewaltigung, einem Raub oder versuchten Totschlag möglich ist.

9.1.4   KONSENS

Die Verantwortlichen des Projekts und der Justiz sollten sich auf verbindliche Eignungskriterien verständigen und die Durchführung regeln.

Dabei sind folgende Fragen zu klären:

- Welche Delikte?
- Wo ist der Schwerpunkt (möglichst im Vorverfahren)?
- keine Vorgaben bezüglich des Ergebnisses
- im Vorverfahren: Angebot der Verfahrenseinstellung oder evtl. offen? Für die Beteiligten sollte klar sein, ob und wie die Justiz den TOA akzeptiert
- nach Anklageerhebung: Kann mit den Richtern vereinbart werden, dass in geeigneten Fällen der TOA grundsätzlich versucht werden kann, ohne dass in jedem neuen Verfahren die Zustimmung eingeholt werden muss?
- möglichst keine Kombination mit anderen Maßnahmen (keine „Cocktails")
- Einigkeit darüber erzielen, dass ein erfolgreicher TOA einen Strafmilderungsgrund darstellt.

9.1.5 KONSEQUENZ

Die Justiz hat Anspruch auf zuverlässige Fallbearbeitung. Dazu gehört:

- die Einhaltung der gesetzten Fristen bzw. rechtzeitiges Bitten um Verlängerung
- bei Minderjährigen die Eltern bzw. gesetzlichen Vertreter einbeziehen
- soweit bekannt, beteiligte Rechtsanwälte einbeziehen
- Ergebnisse mitteilen bzw. Gründe für das Scheitern eines Falles angeben. In einem solchen Fall nach Möglichkeit Alternativen vorschlagen (gilt besonders für die JGH)

Ist zu Beginn der Fallarbeit noch eine ausführliche Berichterstattung erforderlich (im Rahmen der Überzeugungsarbeit für den TOA), so reicht in der Folgezeit aus, in welchem Ergebnis ein TOA erfolgreich durchgeführt wurde. Zur Vereinfachung kann ein Vordruck mit unterschiedlichen Ergebnissen zum Ankreuzen bzw. Ausfüllen erstellt werden. Ergänzend soll mitgeteilt werden, ob eine vereinbarte Leistung auch erbracht worden ist.

Scheitert ein TOA, sind die Gründe anzugeben. Gegebenenfalls sind Alternativen anzubieten, vor allem dann, wenn das Scheitern oder Nicht-Zustandekommen des TOA nicht in der Person des Beschuldigten liegt.

Es ist sehr zu empfehlen, zu gegebener Zeit, beispielsweise nach einem Jahr, einen schriftlichen Erfahrungsbericht vorzustellen. In ihm sollte insbesondere auf die Akzeptanz durch die betroffenen Beschuldigten und Geschädigten, der Justiz und auch den Rechtsanwälten hingewiesen werden. Hierdurch kann weitere Überzeugungsarbeit geleistet werden. Wir empfehlen, den Erfahrungs- oder Jahresbericht nicht einfach zu verschicken, sondern in einer Informationsveranstaltung vorzustellen und zu diskutieren. Der Vorteil liegt vor allem darin, dass die aufgeschlossenen Staatsanwälte und Richter die eher skeptischen Kolleginnen und Kollegen aus ihrer juristischen Erfahrung heraus mit überzeugen können („Hebelwirkung"). Ein Aspekt liegt darin, dass sich die Juristen untereinander motivieren, mehr von dieser Maßnahme Gebrauch zu machen.

In der gemeinsamen Veranstaltung mit den Vermittlern, Richtern und Staatsanwälten eines Landgerichtsbezirks können konkrete Regelungen bezüglich der weiteren Verfahrensweise oder zu Schwerpunktsetzungen getroffen werden.

9.1.6 KONTINUITÄT

Die praktische Fallarbeit sollte nicht in alltägliche Routine verfallen, nach der Devise, es gebe nichts mehr zu verbessern.

Es ist stets zu überlegen, ob das Konzept noch stimmt und die Umsetzung noch bedarfsgerecht ist. Die Kooperation mit anderen Projekten sollte nicht vernachlässigt werden. Wird der TOA noch nicht flächendeckend angeboten, besteht die Gefahr, dass er nach der anfänglichen Euphorie wieder zu einer Randerscheinung wird. Gerade wegen seiner friedenstiftenden Funktion darf der TOA nicht auf eine von vielen ambulanten Maßnahmen der Straffälligenhilfe reduziert werden.

Aus Sicht der Straffälligenhilfe sind je nach Standpunkt und erzieherischem Verständnis die täterorientierten Maßnahmen austauschbar, der TOA aus Sicht der Geschädigten jedoch nicht.

9.1.7 KOSTEN

Der TOA kostet Geld. Personal, Büroräume und Ausstattung müssen finanziert werden. Die Finanzierung hängt unter anderem von der Trägerschaft ab. Eine Fachstelle für Täter-Opfer-Ausgleich ist teurer als den TOA in bestehende Strukturen eines freien Trägers, einer Gerichtshilfe, Jugendgerichtshilfe oder Bewährungshilfe zu integrieren. Bei den Kosten sind zudem die Kosten der reinen Fallarbeit und die sogenannten Overheadkosten zu unterscheiden. Darauf einzugehen sprengt den Rahmen eines Praxishandbuches.

Hier soll auf einen praxisrelevanten Kostenfaktor eingegangen werden, der sich für die erfolgreiche Fallarbeit als bedeutend herausgestellt hat: Der Opferfonds. Insbesondere im Jugendbereich ist er als Finanzierung von Wiedergutmachungsleistungen als Darlehen oder in Form der Ableistung von Sozialstunden unverzichtbar. Jugendliche und Heranwachsende, die eine Wiedergutmachung entweder gar nicht oder nur mit langen Laufzeiten erbringen können, werden durch den Opferfonds in die Lage versetzt, eine materielle Entschädigung oder Wiedergutmachung an den Geschädigten überhaupt und im zeitlich zumutbaren Rahmen zu erbringen. Woher soll das Geld kommen?

Als wenig sinnvoll hat sich eine eigene Haushaltsstelle bei einem öffentlichen Träger erwiesen. Das Budget hängt von der Finanzlage des Trägers bzw. der Kommune ab. Vermittler haben wenig Einfluss auf das Budget. Bei einer notwendigen Haushaltskonsolidierung hat der Finanzvorstand die Entscheidungsgewalt und kann das Budget auf Null setzen. In diesem Fall ist der Erfolg des TOA gefährdet.

Deutlich besser ist die Einrichtung des Opferfonds bei einem gemeinnützigen Träger/Verein. Dieser verwaltet autonom, wenn auch rechenschaftspflichtig, seine Einnahmen und Ausgaben. Die Einnahmen bestehen zumeist aus staatlichen Zuschüssen, Spenden und Eigenleistungen. Besonders wichtig sind Einnahmen durch zugewiesene Geldbußen durch die Gerichte und Staatsanwaltschaften. Geldbußen ermöglichen eine Win-Win-Situation für die Konfliktschlichtungsstelle und die Justiz. Die Konfliktschlichtungsstelle kann fachgerecht ihre Fälle durchführen, die Justiz kann den TOA verstärkt als Alternative zu den eher sanktionierenden Maßnahmen unterstützen. Hat die Justiz aufgrund ihrer Erfahrung mit erfolgreich durchgeführten Maßnahmen den TOA als Beitrag zur Wiederherstellung des sozialen und rechtlichen Friedens zwischen Täter und Opfer akzeptiert, unterstützt sie die Konfliktschlichtungsstelle weiterhin mit den notwendigen Geldbußen. Das gilt vor allem in den Zeiten, in denen die freien Träger knapp bei Kasse sind und durch die Justiz kurzfristig wieder auf solide Beine gestellt werden müssen. Ein überzeugendes Argument für die Gewährung von Geldbußen ist der erweiterte Solidaritätsaspekt: Beschuldigte oder Verurteilte, die eine Geldbuße zahlen müssen, unterstützen nicht nur die Opfer, sondern auch die Beschuldigten und Verurteilten, die selbst nicht über die materiellen Mittel zur Zahlung der Wiedergutmachung verfügen.

9.1.8   KOOPERATION

Unter Kooperation sind die Vernetzung, der Austausch und die gegenseitige Unterstützung der Vermittlerinnen und Vermittler in einem Landgerichtsbezirk zu verstehen. Dies ist der Zuständigkeitsbereich der Staatsanwaltschaft, in dem verschiedene Jugend- und Jugendschöffengerichte sowie das Landgericht gehören.

Die TOA-Kolleginnen und Kollegen unterstützen sich gegenseitig, um gleiche Standards bei der Fallauswahl und der Durchführung zu erzielen. Die Justiz soll darauf vertrauen können,

dass alle Schlichtungsstellen die gleiche Qualität anbieten. Um dies sicherzustellen und Synergieeffekte zu nutzen, ist ein regelmäßig stattfindender Arbeitskreis einzurichten.

9.1.9 KOLLEGIALITÄT

Kollegialität ist auch wichtig in den Projekten und Einrichtungen intern. Kolleginnen, Kollegen und Vorgesetzte unterstützen die Vermittler durch die Empfehlung eigener Fälle für den TOA (z.B. Jugendgerichtshilfe) oder entlasten sie soweit wie möglich von Verwaltungsarbeit. Im Idealfall bearbeiten Vermittler spezialisiert die TOA-Fälle und sind z.B. nicht zusätzlich als Jugendgerichtshelfer/-in für ein Jugendgericht oder für einen Bezirk im Allgemeinen Sozialdienst (ASD) zuständig.

Zusammenfassung

Die Zusammenarbeit mit der Justiz stellt einen kontinuierlichen Prozess dar, in dem Vermittler ständig Überzeugungsarbeit leisten. Jedoch besteht die Gefahr der Überforderung und Verzettelung, wenn zu Beginn eines TOA-Projekts zu viel erreicht werden soll. Überzeugungsarbeit in kleinen Schritten setzt an bei einzelnen, aufgeschlossenen Staatsanwälten, bis schließlich die gesamte Abteilung der Jugendstaatsanwaltschaft erreicht wird. Hauptziel dabei ist die Etablierung des Projekts im Vorverfahren.

Schließlich wird die Kooperation mit den Jugendgerichten fortgesetzt. Bei angeklagten Delikten ist die generelle Zustimmung zur Durchführung eines TOA anzustreben. Ein erfolgreicher TOA sollte hinsichtlich des Verfahrensausgangs positiv berücksichtigt werden, insbesondere als Voraussetzung zur Verfahrenseinstellung oder als Strafmilderungsgrund.

Als dritte Zielgruppe empfehlen wir die Einbeziehung der Rechtsanwälte über den Anwaltsverein.

9.2 KAPAZITÄTEN

Für die einzelnen Vermittler und Vermittlerinnen ist entscheidend, ob sie zeitlich in der Lage sind, TOA-Fälle zu bearbeiten. Vielfach wird die Meinung geäußert, dass es nicht gehe, da man derzeit ohnehin zu viele Fälle bearbeiten müsse und die sich mit dem TOA verbundene Mehrarbeit nicht leisten könne.

Fest steht, dass der TOA in seiner praktischen Durchführung mehr Zeit erfordert als die „klassische" Fallbearbeitung. Er benötigt im Durchschnitt mehr als die doppelte Zeit. Diese ist jedoch auch abhängig von der Arbeitsweise und Erfahrung der Vermittler.

> **Fest steht aber auch,**
> **dass im TOA keine zusätzlichen Fälle bearbeitet werden,**
> **sondern ein Teilbereich nur anders. Ziel beim TOA ist daher, nicht mehr,**
> **sondern anders und effizienter zu arbeiten.**

149

9.3 DER ZEITLICHE AUFWAND VON TOA IM VERGLEICH ZUM FÖRMLICHEN VERFAHREN

Nr.	Täter-Opfer-Ausgleich	Zeit	Nr.	Förmliches Verfahren	Zeit
1.	Ermittlungsakte der StA studieren und auf Eignung überprüfen	30 Min.	1.	Anklageschrift lesen	10 Min.
2.	Notizen und Vermerke fertigen	15 Min.	2.	Notizen und Vermerke fertigen	15 Min.
3.	Täter zum Vorgespräch einladen	15 Min.	3.	Täter zum Gespräch einladen	15 Min.
4.	Vorgespräch mit Täter (80 Min. mit Vor- und Nachbereitung	110 Min.	4.	Gespräch mit Täter (80 Min.) mit Vor- und Nachbereitung	110 Min.
5.	Einladung des Opfers zum VG	15 Min.	5.	Erstellen des JGH-Berichtes	15 Min.
6.	Vorgespräch mit Opfer mit Vor- und Nachbereitung	110 Min.	6.	JGH-Bericht schreiben, versenden, Bedarfsvermerke	15 Min.
7.	Auswertung der Vorgespräche, Rahmenbedingungen für einen Ausgleich erarbeiten	30 Min.	7.	Vorbereitung der Hauptverhandlung: Sitzungsprotokoll, Statistikbogen vorbereiten; Bedarfsvermerke	15 Min.
8.	Terminplanung für das Ausgleichs-Gespräch mit Täter und Opfer	30 Min.	8.	Teilnahme an der Hauptverhandlung (Jugendgericht 30 – 60 Min.)	45 Min.
9.	Ausgleichsgespräch + Vorbereitung	150 Min.	9.	Hauptverhandlung auswerten, Bedarfsvermerke für weitere Aktivitäten, z.B. Weisungen	15 Min.
10.	Nachbereitung mit Bericht an StA	60 Min.			
11.	Bericht nach Diktat kontrollieren, versenden, Bedarfsvermerke	15 Min.			
12.	Statistikbogen ausfüllen	20 Min.			
	Zeitlicher Gesamtaufwand	**600 Min. = 10 Std.**			**300 Min. = 5 Std.**

Die Dauer eines Ausgleichs verlängert sich u.a. durch folgende Aktivitäten:

13. Aushandeln einer Vereinbarung (im Ausgleichsgespräch)   30 Min.

14. Vereinbarung schriftlich fixieren   15 Min.

15. Probleme in der Einhaltung von Leistungen (z.B. Gespräch mit Täter)   30 Min.

16. Schriftliche Information von Rechtsanwälten   15 Min.

17. Ratenzahlungen kontrollieren   15 Min.

18. Zustimmung von StA und Gericht für TOA nach Anklagerhebung   30 Min.

150

Die Auswertung der praktischen Fallarbeit hat gezeigt, dass der TOA in Standardfällen (ein Täter, ein Opfer, klarer Sachverhalt, Ausgleichsgespräch ohne Vereinbarung einer materiellen Wiedergutmachung) etwa doppelt so viel Zeit beansprucht wie die Fallbearbeitung im förmlichen Strafverfahren. Im einfachsten Fall bereitet die Abwicklung eines förmlichen Verfahrens der JGH einen Aufwand von 5 Stunden, während die Aktivitäten im TOA bis zu 10 Stunden benötigen.

Zur Erläuterung sei gesagt, dass in manchen Fällen die Durchschnittszeit unterschritten wird, da ein Ausgleichsgespräch nicht stattfindet oder nur ein einfacher Schadensersatz zu leisten ist. In anderen Fällen hingegen beträgt der Zeitaufwand mehr als 20 Stunden. Sei es, dass die Verfahren mehrere Täter oder Geschädigte betreffen, bei kompliziertem Sachverhalt mehrere Gespräche erforderlich sind, Rechtsanwälte beteiligt sind, sich die Schadensregulierung sehr aufwendig gestaltet oder auch Probleme bei der Einhaltung vereinbarter Leistungen entstehen. Die durchschnittliche Bearbeitungszeit beträgt etwa 12 Stunden.

Die aufgeführten Zeitangaben stellen mittlere Bearbeitungszeiten dar. Diese Werte sind nicht nur praxisbezogen, sie entsprechen zudem den Richtwerten der KGST (Kommunale Gemeinschaftsstelle für Verwaltungsmanagement), wenn auch nicht „auf die Minute genau".

Das Gutachten der KGST unterscheidet im Wesentlichen zwischen den Einzelfall bezogenen und den Einzelfall übergreifenden Tätigkeiten der Jugendgerichtshilfe. Die Aktivitäten in der Gegenüberstellung sind einzelfallbezogen und standardisiert, d.h. Warte- und Wegezeiten, am Fall bezogene Gespräche mit Kollegen, der Staatsanwaltschaft, dem Gericht fließen hier nicht mit ein. Zu den fallübergreifenden Tätigkeiten gehören die Aktivitäten im Rahmen des Projektaufbaus, die Kooperation mit Verfahrensbeteiligten, Fortbildung, Öffentlichkeitsarbeit, allgemeine Verwaltungsaufgaben etc..

Die Jahresarbeitszeit einer Vollzeitkraft:

39 Std-Woche: 1570 Stunden: 1075 fallbezogen, 495 fallübergreifend

40 Std-Woche: 1610 Stunden: 1103 fallbezogen, 507 fallübergreifend

41 Std-Woche: 1650 Stunden: 1130 Stunden fallbezogen, 520 fallübergreifend.

Bei einer mittleren Bearbeitungszeit von 12 Stunden pro TOA-Fall ist eine Vollzeitkraft mit 40 Wochenstunden in der Lage, pro Jahr 96 Fälle zu bearbeiten. Dabei ist jedoch zu beachten, dass sich die durchschnittliche Bearbeitungszeit erhöht, je mehr schwerwiegendere und aufwändige Fälle einbezogen werden.

Werden die organisatorischen und fachlichen Voraussetzungen zur qualifizierten Durchführung des TOA gewährleistet, kann ausgehend von jeweils 12 Stunden pro Fall und unter Abzug von jeweils 530 Stunden fallübergreifender Tätigkeiten je Stelle folgende Fallbelastung pro Jahr bewältigt werden:

Stellenumfang (40 Std./Woche)	Arbeitsstunden (fallbezogen)	Fallzahl
100 %	1103	92
¾	827	69
2/3	735	61
1/2	551	46

Erläuterung zu den Fallzahlen: Gemeint ist die Zahl der Verfahren. Die bundesweite TOA-Statistik beschreibt einen Fall als einen Sachverhaltskomplex, der mindestens eine Person auf der Beschuldigten- oder Geschädigten-Seite betrifft, an dem aber auch mehrere Beschuldigte oder Geschädigte beteiligt sein können.[30] Insofern gehen wir hier von Durchschnittswerten aus, da weder die Eins-zu-eins- noch die Gruppe-zu-Gruppe-Konstellation ausschließlich vorkommt.

Wie kann man sich für den TOA freie Kapazitäten schaffen?

Vorab sollte man sich fragen, wie effizient die Arbeit der Jugendgerichtshilfe ist, d.h. ob das, was man in jedem einzelnen Fall tut, den kriminologischen Erkenntnissen und dem Bedarf der Betroffenen entspricht.

---

[30] Hartmann, A., Schmidt, M., Kerner, H.-J. (2018).: Täter-Opfer-Ausgleich in Deutschland. Auswertung der bundesweiten Täter-Opfer-Ausgleich-Statistik für die Jahrgänge 2015 und 2016. In: Bundesministerium der Justiz und für Verbraucherschutz (Hrsg.). Reihe Recht. Mönchengladbach, S. 7.

> **Es kommt schließlich nicht darauf an, alles richtig zu machen,**
> **sondern das Richtige zu tun!**

Im Hinblick darauf, dass nach den wissenschaftlichen Erkenntnissen (welche möglichst von den praktischen Erfahrungen zu bestätigen sind), die meisten Jugendstraftaten im unteren bis mittleren Bereich weit verbreitet („ubiquitär") und episodenhaft sind, beruht die Deliktbegehung vielfach nicht auf (gravierenden) erzieherischen Defiziten. Hier wäre eine übermäßige sozialpädagogische Intervention verfehlt. Im Interesse der betroffenen Jugendlichen und ihren Eltern ist darauf zu achten, dass nicht mehr Betreuung als nötig, aber so viel Beratung wie möglich angeboten wird.

Nicht in allen Fällen, wie z.B. Beförderungserschleichung, Ladendiebstahl, zahlreichen Verkehrsdelikten (Fahren ohne Fahrerlaubnis, fahrlässige Körperverletzung), muss eine Persönlichkeitserforschung stattfinden. Oft reicht eine Beratung bei bestehenden Fragen aus, wenn dies gewünscht wird. Dies entspricht auch eher dem Angebotscharakter der Jugendhilfe nach dem KJHG.

Diese zurückhaltende Verfahrensweise bewirkt nicht nur eine Entlastung der JGH, sondern trägt auch in dieser Form zur Entdramatisierung von jugendlichem Fehlverhalten bei.

In der Städteregion Aachen hat die Justiz diese Verfahrensweise sehr begrüßt. In der Praxis führt dies zu einer Arbeitsentlastung bis zu 30 %. Nicht nur bei Ersttätern, sondern auch bei bereits aufgefallenen Jugendlichen und Heranwachsenden kann so verfahren werden.

Die Teilnahme an der Hauptverhandlung sollte jedoch in solchen Fällen weiterhin obligatorisch sein, soweit nicht zwischen Gericht, Staatsanwaltschaft und JGH Übereinstimmung bezüglich des Verfahrensausgangs besteht (z.B. Hauptverhandlung als ausreichende erzieherische Maßnahme mit dem Ziel der Verfahrenseinstellung).

Auch die Kolleginnen und Kollegen können sich in dieser Form entlasten. Wenn zudem noch die TOA geeigneten Fälle vom Vermittler übernommen werden (Diversion und auch nach Anklageerhebung), übernehmen sie umgekehrt in gleichem Maße „klassische JGH-Fälle" des Vermittlers.

Ist ein TOA aus verschiedenen Gründen nicht durchführbar, sollte Einigkeit darüber bestehen, dass diese Fälle an den JGH-Sachbearbeiter zurückgegeben werden.

Weiterhin ist zu prüfen, welche Routinearbeiten, insbesondere Verwaltungsaufgaben delegiert werden können.

Häufig finden Vor- und Ausgleichsgespräche außerhalb der gewohnten Dienstzeiten statt. Dies bedeutet keinen zusätzlichen Mehraufwand, sondern eine Verschiebung der Arbeitszeiten. Es muss gewährleistet sein, dass Überstunden außerhalb der normalen Dienstzeit durch Freizeitausgleich abgegolten werden können.

Zu Beginn eines Projektes ist die Fallzahl noch gering. Mit zunehmender Kooperation mit der Justiz ist eine deutliche Zunahme einzukalkulieren. Für Vermittler, die weitere JGH-Aufgaben, z.B. für ein bestimmtes Gericht zuständig sind, ist langfristig eine Belastung über freie Kapazitäten hinaus zu erwarten. Dies ist dann schon ein Zeichen von fortgeschrittener Etablierung des Projekts, bei dem man je nach Fallzahlen an zusätzliches Personal oder an Umorganisation mit Aufgabenneuverteilung denken kann. Innerhalb einer spezialisierten Jugendgerichtshilfe ist daher zu prüfen, ob durch die beschriebene Arbeitsteilung die Freistellung des Vermittlers ausschließlich für TOA und Schadenswiedergutmachung möglich ist.

Wie lässt sich das beeinflussen?

9.4   AKZEPTANZ IN DER EIGENEN INSTITUTION

Die Kooperationspartner des Projekts sind zugleich die Zielgruppe, deren Akzeptanz erreicht werden soll. Sie haben entscheidenden Einfluss auf die Weiterentwicklung des Projekts. Die wichtigsten Ansprechpartner sind erstens der Arbeitgeber, konkret Vorgesetzte, aber auch Kollegen, mit denen die „Geschäftsverteilung" abgestimmt werden muss. Als zweites die Justiz, die die Fälle zuweist bzw. der Durchführung von TOA im Einzelfall zustimmen muss.

**Täter und Opfer sind nicht die Zielgruppe des Projekts,
sondern des Einzelfalls**

Ohne Zustimmung und Unterstützung der Vorgesetzten ist eine kontinuierliche Projektentwicklung nicht gewährleistet. Die Akzeptanz von Vorgesetzten zu erlangen heißt, Überzeugungsarbeit zu leisten. Die Argumentation entspricht den Kriterien, wie sie bereits unter den Punkten „Motivation" und „Konzeption" behandelt wurden. Vorgesetzte sollten überzeugt sein, dass der TOA innovativ ist und die Arbeit der JGH bzw. des Jugendamtes qualitativ verbessert. Nicht zuletzt lässt sich damit gezielte (Fach-) Öffentlichkeitsarbeit betreiben.

Von besonderer Wichtigkeit ist der Jugendhilfeausschuss als politisches Gremium und Teil des Jugendamtes. Hier können entscheidende Weichen gestellt werden. Nach den in Aachen gesammelten Erfahrungen ist zu empfehlen, nach z.B. einem Jahr praktischer Fallarbeit das Projekt mündlich wie schriftlich (Bericht) vorzustellen. Die vorgelegten Ergebnisse können Grundlage des wichtigen Beschlusses des JHA sein, den TOA als „Regelangebot der Jugendgerichtshilfe" fortzusetzen.

Für die Stadtverwaltung Aachen hat der für das Rechts- und Jugendamt zuständige Dezernent auf Anregung der JGH eine Verfügung erlassen, aus der hervorgeht, dass in allen Fällen, in denen städtische Bedienstete oder Einrichtungen durch Jugendliche oder Heranwachsende verletzt bzw. beschädigt werden, vor dem Stellen einer Strafanzeige Kontakt mit der JGH aufzunehmen und gemeinsam zu überlegen ist, ob eine außergerichtliche Regelung in Betracht kommt.

Es war nicht einzusehen, dass das Rechtsamt im „Auftrag des Oberbürgermeisters" Strafanzeige erstattet und zu einem späteren Zeitpunkt die JGH ebenfalls im Auftrag des Oberbürgermeisters durch alternative Angebote eine Sanktionierung vermeiden möchte (Stichwort: Diversion).

Wie schon im Punkt „Kapazitäten" angeführt, hängt die konsequente Ausgleichsarbeit auch von der Unterstützung der Kollegen ab, um den Neigungen und Interessen entsprechend Schwerpunkte zu setzen und die Aufgabenverteilung darauf einzustellen.

Langfristig ist eine Freistellung des Vermittlers ausschließlich für den TOA anzustreben. Dies kann durch Schaffung zusätzlichen Personals erreicht werden, da aufgrund des geänderten Jugendgerichtsgesetzes (1. JGGÄndG) Kapazitäten auch für andere Aufgaben wie sozialer Trainingskurs, Betreuungsweisung und Haftentscheidungshilfe geschaffen werden müssen.

9.5 EINRICHTUNG EINES OPFERFONDS

Um ein erfolgreiches Arbeiten zu ermöglichen, sollte ein Opferfonds eingerichtet werden. Bei Bedarf kann finanziell schlecht gestellten Jugendlichen die Möglichkeit eingeräumt werden, auch materielle Schadenswiedergutmachung in einem gewissen Umfang zu leisten.

Eine Möglichkeit ist, bei der JGH ein Sonderkonto einzurichten, das von Geldbußen gespeist wird. Gleiches gilt für den Fall, dass ein freier Träger einen solchen Fonds einrichtet. In Aachen hält der Verein für Jugendhilfe e.V. einen Opferfonds bereit. Der Vorstand hat beschlossen, dass pro Stunde gemeinnütziger Arbeit, die in einer anderen sozialen Einrichtung geleistet werden, 6,- € vergütet werden.

Um eine unbürokratische Handhabung zu gewährleisten, hat der Vorstand des Vereins den Beschluss gefasst, dass die Vermittlerin bzw. der Vermittler ohne weitere Absprache im Einzelfall über 500,- € verfügen kann.

9.6 ERHÖHUNG DER FALLZAHLEN: KOOPERATION MIT DER JUSTIZ

Die Frage nach Kapazitäten geht eng einher mit dem Maß der Zusammenarbeit mit Gericht und Staatsanwaltschaft. Mangelnde Kooperation bedeutet geringe Fallzahlen. Bei geringen Fallzahlen ist jedoch eine Intensivierung der Kooperation notwendig.

Welche Fallzahlen sind möglich?

Aus einer Untersuchung von **S c h r e c k l i n g**[31] aus dem Jahr 1992 geht hervor, dass 15 – 30 % aller anklagefähigen Verfahren für den TOA in Frage kommen. Vielfach wird jedoch nur eine Quote von 3 – 10 % erreicht. Auch etablierte Projekte erreichen meist nur etwa 10 – 15 %.

Welche Jugendgerichtshilfe kann heute von sich sagen, sie habe alle Möglichkeiten des TOA ausgeschöpft und habe die 30 % erreicht? Das Erreichen der optimalen Quote ist abhängig von den Delikten (vgl. Kapitel 2.1).

---

[31] Schreckling, J. (1992): Bestandsaufnahmen zur Praxis des Täter-Opfer-Ausgleichs in der Bundesrepublik Deutschland. In: Bundesministerium der Justiz (Hrsg.). Reihe Recht. Bonn, S. 52.

Die Justiz weist die Fälle zu oder muss zumindest zustimmen, wenn der TOA z.B. vom Projekt angeregt wird. Beim schwerpunktmäßigen Einsatz im Vorverfahren ist Ansprechpartnerin die Staatsanwaltschaft. Hier ist die Akzeptanz des TOA durch seine Regelung im JGG generell gewachsen. Dennoch stößt man in (zahlreichen) Einzelfällen auf Vorbehalte. Umdenken tut hier not.

Häufig sind folgende Argumente zu hören:

- Ich ermittle nicht (oder ich klage nicht an), um einzustellen.
- Die Durchführung des Strafverfahrens ist notwendig, um die Rechtsnorm zu verdeutlichen.
- Das Strafverfahren liegt im öffentlichen Interesse.
- Schadenswiedergutmachung ist eine Selbstverständlichkeit, die nicht besonders hervorgehoben werden muss.

Zunächst sollte die Frage geklärt werden, ob solche Aussagen eventuell auf Informationsdefizite zurückzuführen sind. Weiß der Richter oder Staatsanwalt konkret, was TOA ist, wie er praktisch durchgeführt wird und welche Ergebnisse für die Beteiligten zu erzielen sind?

Erkennt ein Staatsanwalt oder Richter die Bereitschaft des Jugendlichen und das Bedürfnis des Geschädigten auf Konfliktbeilegung oder Schadenswiedergutmachung nicht vorbehaltlos an, kann für ihn überzeugend sein, dass z.B. „Normverdeutlichung" durch den TOA besser und effektiver erreicht werden kann als durch die Sanktionierung des Täters.

TOA ist nicht selektiv, sondern integrativ. Die hohen Erfolgsquoten des TOA (ca. 80 – 90 %) belegen, dass dies von den Geschädigten auch so angenommen wird. Weder wird der Täter sanktioniert noch das Opfer mit seinem Bedürfnis auf Wiedergutmachung alleingelassen. Unterschiedliche Interessen müssen nicht zwangsläufig im Widerspruch zueinander stehen, sondern gehen letzten Endes mit dem Hauptziel, Frieden zu stiften, konform.

In der Diskussion um TOA ist einmal folgendes Stichwort geäußert worden: Bisher kümmerte man sich ausschließlich um die Resozialisierung der Täter, nun endlich auch um die Resozialisierung der Opfer. TOA strebt dieses durch gemeinsame Konfliktregelung an. Allerdings darf bei allem Wohlwollen nicht übersehen werden, dass der TOA als Kurzintervention in kritischen Fällen (insbesondere bei Sexualdelikten) auf seine Grenzen stößt. Ein Kriterium im Umgang mit Juristen ist die Kontaktpflege.

Bei jedem Staatsanwalt und Richter sollte der Vermittler bestrebt sein, diesen <u>wenigstens in 1 Fall zu überzeugen</u>. Zu Beginn sucht man sich den bzw. die Aufgeschlossenste/n aus. Zur Überzeugungsarbeit gehört, den Ablauf in einzelnen Schritten zu verdeutlichen und besonders die Sichtweisen der Betroffenen hervorzuheben. Es werden die Merkmale aufgezeigt, die für die einzelnen Konfliktpartner ausschlaggebend sind, um sich auf den TOA einzulassen bzw. die zu dem erfolgreichen Abschluss geführt haben.

Es hat sich im Landgerichtsbezirk Aachen gezeigt, dass Jugendstaatsanwälte, die den besonderen Wert von TOA gegenüber der herkömmlichen Verfahrensweise erkannt haben, gern bereit sind, weitere Fälle zuzuweisen. Sie geben in Fachgesprächen mit Kolleginnen und Kollegen ihre positiven Erfahrungen weiter, so dass schließlich auch von bisher zurückhaltenden Staatsanwälten Fallzuweisungen erfolgten. Es erscheint daher für die Entwicklung eines TOA-Projekts sinnvoll, in kleinen Schritten mit Einzelarbeit zu beginnen, statt die gesamte Justiz ohne gemeinsame Erfahrungen gleich in der Anfangsphase überzeugen zu wollen.

Ist zu Beginn der Fallarbeit noch eine ausführliche Berichterstattung erforderlich, so wird in der Folgezeit die Mitteilung ausreichen, ob und mit welchem Ergebnis ein TOA erfolgreich durchgeführt wurde. Es muss mitgeteilt werden, ob eine vereinbarte Leistung auch erbracht worden ist. Scheitert ein TOA, sind die dafür maßgeblichen Gründe aufzuführen. Gegebenenfalls sind Alternativen anzubieten, vor allem dann, wenn das Scheitern oder das Nicht-Zustandekommen des TOA nicht in der Person des Täters liegt.

Der Vermittler sollte seine Kooperationspartner kennen. Er muss sich über ihre Arbeitsweise informieren. Der TOA kann für den Jugendstaatsanwalt eine Mehrarbeit bedeuten, da er im Vergleich zu einer Anklageerhebung „die Akte zweimal auf den Tisch" bekommt. Auch die Staatsanwälte sind mit hohen Fallzahlen belastet. Für sie tritt eine Entlastung dann ein, wenn sie auf einem Vordruck TOA ankreuzen und mit einer zuverlässigen Fallarbeit durch den Vermittler rechnen können. Daher sollten die Kriterien für eine Fallzuweisung konkret und verbindlich ausgearbeitet werden.

Auch der Staatsanwalt muss wissen, wer im konkreten Einzelfall sein Ansprechpartner ist. So reagieren Staatsanwälte eher zurückhaltend, wenn sie bei einem allgemeinen Sozialdienst mit 30 Mitarbeitern, deren Zuständigkeit nach Bezirken geregelt ist, nicht erkennen, wer für die Durchführung des TOA zuständig ist.

Hierbei ist zu beachten, dass die Staatsanwaltschaft für einen Landgerichtsbezirk zuständig ist, in der sich mehrere Jugendämter und auch freie Träger befinden. Daraus ergibt sich ein besonderer Bedarf an Transparenz.

Es ist sehr zu empfehlen nach Ablauf jedes Jahres einen schriftlichen Erfahrungsbericht vorzustellen. In ihm sollte insbesondere auf die Akzeptanz durch die betroffenen Täter und Opfer, der Justiz und auch Rechtsanwälten hingewiesen werden. Hierdurch kann weitere Überzeugungsarbeit geleistet werden.

Ein Aspekt dabei ist, dass sich die Juristen untereinander motivieren und davon überzeugen können, von dieser Maßnahme verstärkt Gebrauch zu machen.

Ein weiteres praktisches Problem für die Justiz ist, dass von den umliegenden Jugendhilfeträgern kein flächendeckendes Angebot gewährleistet wird. Dieser Zustand sollte trotz unterschiedlicher Rahmenbedingungen nicht hingenommen werden, da hierdurch eine Ungleichbehandlung von Beschuldigten und Geschädigten in Kauf genommen wird.

Die Akzeptanz bei der Justiz wächst, wenn die Jugendgerichtshilfen und die freien Träger, die TOA anbieten, einen eigenen Arbeitskreis TOA gründen, um flächendeckend für den Landgerichtsbezirk bestehende Probleme aufzugreifen, gegenseitige Unterstützung zu leisten und einen kontinuierlichen Erfahrungsaustausch zu gewährleisten.

In der Regel reicht ein Treffen von einmal im Jahr aus. Selbstverständlich sollten Richter, Staatsanwälte und auch Vertreter des örtlichen Anwaltsvereines vertreten sein.

9.7 DIE PRAKTISCHE FALLARBEIT – SCHRITT FÜR SCHRITT

Die folgenden Hinweise zur praktischen Durchführung des TOA haben sich aus der langjährigen Praxis heraus entwickelt und als nützlich erwiesen. Der Leitfaden „Schrittweise zum Erfolg" war bisher als Materialienband Nr. 19 bei der Deutschen Bewährungshilfe erschienen und ist nunmehr nur in diesem Handbuch integriert und aktualisiert erhältlich.

Verwendete Vordrucke sind einfach in den PC zu übernehmen und zu variieren.

In jedem Einzelfall ist zu prüfen, ob das Verwenden fertiger Schriftsätze angemessen ist, ob sie zu variieren oder gesonderte Schreiben zu erstellen sind. Sie werden im Verlauf der Zeit weiterentwickelt bzw. den aktuellen Gegebenheiten angepasst. Die vorliegenden Muster können jedoch nicht mehr sein als eine Orientierungshilfe.

9.7.1 FALLZUWEISUNG

Die Jugendgerichtshilfe erhält Fälle durch

a) die Ermittlungsakte der Staatsanwaltschaft

b) die Anklageschrift

c) einen Polizeibericht

d) Selbstmelder (meist Beschuldigte)

e) Polizeigewahrsam/Staatsanwaltschaft (Haftentscheidungshilfe)

f) Sonderfall: Rechtsamt/andere Ämter der eigenen Verwaltung

9.7.1.1   ERMITTLUNGSAKTE DER STAATSANWALTSCHAFT

Bei der Durchsicht der Akte ist zu prüfen, ob die Eignungskriterien vorliegen (vgl. dazu die Durchführungskriterien in der Konzeption).

9.7.1.2   ANKLAGESCHRIFT

Im Falle der Anklage ist zu prüfen, ob aufgrund eines Geständnisses oder nach den Ausführungen zum Ermittlungsergebnis ebenfalls die Eignungskriterien erfüllt sind.

Während durch das Zusenden der Ermittlungsakte durch die Staatsanwaltschaft in der Regel die Durchführung des TOA vorgeschlagen wird, ist im Falle der Anklageerhebung das Erstgespräch mit dem Täter abzuwarten. Erklärt er sich zum TOA bereit, ist die Zustimmung des Gerichts und der Staatsanwaltschaft einzuholen. Günstiger ist allerdings, eine „Generalzustimmung" der betreffenden Richter und Staatsanwälte zu erhalten. Dies beinhaltet die Zusage, einen durchgeführten TOA grundsätzlich zu befürworten und anzuerkennen, z.B. durch Verfahrenseinstellung gemäß §§ 45, 47 JGG oder Strafmilderung.

9.7.1.3   POLIZEIBERICHT

Erscheint ein Fall durch den Eingang eines Polizeiberichtes für den TOA geeignet, so ist der Täter zunächst zu einem Vorgespräch einzuladen.

Zwar kann der TOA jederzeit mit Einverständnis des Täters durchgeführt werden, doch kann ohne Zustimmung der Staatsanwaltschaft keine Einschätzung oder gar „Garantie" abgegeben werden, ob der TOA auch anerkannt wird.

Des Weiteren ist das rechtsstaatliche Prinzip der Unschuldsvermutung zu beachten.

Erklärt der Beschuldigte seine Bereitschaft zum TOA, so kann mit Hilfe des folgenden Schreibens bei der Staatsanwaltschaft die Fallzuweisung angeregt werden:

Betrifft: Theo A.; geb. am _____, wohnhaft _____
Bezug: Tagebuch-Nr./Geschäfts-Nr.: _____
Im vorliegenden Fall erscheint ein Ausgleich mit dem/der/den Geschädigten gemäß § 45, II JGG sinnvoll. Ich bitte gemäß § 155 b StPO um Ihre Zustimmung und Übersendung der Ermittlungsakte zur Durchführung eines Täter-Opfer-Ausgleichs.

Der/die Beschuldigte hat sich in einem persönlichen Gespräch am _____ dazu bereit erklärt.

Mit freundlichem Gruß
Im Auftrag

Es gibt wenige Vermittlungsstellen, die die Opfer zuerst zum Vorgespräch einladen. Sie begründen es damit, dass die Geschädigten mit ihrer Strafanzeige das Verfahren in Gang gesetzt hätten und sollten daher auch zuerst nach ihren Erwartungen befragt werden. Den Täter zuerst einzuladen wäre ein typisches Zeichen für Täterorientierung.

Dazu ist anzumerken, dass nach dem JGG der Jugendliche und der Heranwachsende, „die eine Verfehlung begangen haben, die nach den allgemeinen Vorschriften mit Strafe bedroht ist" die Zielgruppe für die JGH sind (§ 1, I JGG). Eine gesetzliche Grundlage zum Tätigwerden für Geschädigte gibt es für die JGH nicht (vgl. auch Aufgabenbeschreibung nach § 38 JGG). Dies bringt nicht zuletzt datenschutzrechtliche Probleme mit sich.

Zuerst mit dem Beschuldigten Kontakt aufzunehmen birgt das Risiko, dass ein Geschädigter nach dem Erleben der Tat nicht ein zweites Mal enttäuscht werden sollte, wenn bei eigener Mitarbeitsbereitschaft der Beschuldigte seine Mitwirkung versagt und damit das Angebot nicht aufrechterhalten werden kann.

9.7.1.4 SELBSTMELDER

Immer wieder kommt es vor, dass sich Jugendliche oder Heranwachsende kurze Zeit nach der Tat selbst bei der Jugendgerichtshilfe melden. Oft bekommen sie den Hinweis von der Polizei, sich wegen des beginnenden Strafverfahrens bei der JGH zu melden.

Des Weiteren kommt es vor, dass sich Jugendliche den Mitarbeitern eines Jugendzentrums bzw. einer Offenen Tür anvertrauen, wo sie häufig verkehren. Auch hier kann der Hinweis erfolgen, sich bei der JGH zu melden.

Im Gespräch kann sich herausstellen, dass die Durchführung des TOA sinnvoll ist. Hier ist mit der Polizei Kontakt aufzunehmen und sich die Tagebuchnummer geben zu lassen. Zu diesem Zeitpunkt ist die Staatsanwaltschaft über das Verfahren noch nicht informiert. Folgende Möglichkeiten bieten sich an:

1. mit Angabe der Tagebuchnummer die Staatsanwaltschaft um Fallzuweisung zu bitten. Es bietet sich an, einige Wochen abzuwarten oder wiederholt bei der Polizei nachzufragen, ob die Ermittlungsvorgänge an die Staatsanwaltschaft weitergeleitet worden sind.

2. In regelmäßigen Abständen (z.B. wöchentlich ist bei der zentralen Namenskartei der Staatsanwaltschaft nachzufragen, ob bei dem betreffenden Jugendlichen (Namen und Geburtsdatum angeben) ein Ermittlungsverfahren anhängig ist. Hier kann man sich bereits das Geschäftzeichen der Staatsanwaltschaft geben lassen und erfahren, wer von der Jugendstaatsanwaltschaft mit dem Verfahren betraut ist. Die Zuständigkeit ergibt sich auch aus der jährlichen Geschäftsverteilung.

    Mit ihm kann persönlich oder telefonisch die weitere Verfahrensweise besprochen und konkret um Fallzuweisung gebeten werden.

9.7.1.5 HAFTENTSCHEIDUNGSHILFE

Der § 72 a JGG verpflichtet die Jugendgerichtshilfe, Haftentscheidungshilfe zu leisten. Dies bedeutet, dass die JGH regelmäßig darüber informiert wird, ob sich ein Jugendlicher oder Heranwachsender in Polizeigewahrsam befindet und ob eine Vorführung beim Haftrichter stattfindet.

In solchen Fällen erkennt man häufig, ob sich der Täter-Opfer-Ausgleich anbietet. Eine nähere Klärung kann jedoch erst im Gespräch mit dem Jugendlichen erfolgen.

Wird der Täter aus dem Gewahrsam entlassen, wird er zu einem Vorgespräch bei der JGH eingeladen. Klären sich hier die Voraussetzungen zu einem TOA, so kann wie bei 9.7.1.3. (Polizeibericht) verfahren werden.

Wird der Täter dem Haftrichter vorgeführt, ist der TOA zunächst kein Thema. Hier kommt es vorrangig darauf an, dem Richter eine Entscheidungshilfe zu geben, ob aufgrund der persönlichen Verhältnisse des Beschuldigten Fluchtgefahr gegeben ist oder durch geeignete Maßnahmen der Erlass eines Haftbefehles vermieden werden kann. Wird Haftbefehl erlassen, ist zu prüfen, ob durch geeignete Angebote ein Haftverschonungsbeschluss in Betracht kommt.

Die Aktivitäten bis dahin sind typische Aufgaben für die JGH, die nicht in den Tätigkeitsbereich des Vermittlers fallen. Hier ist darauf zu achten, dass sämtliche Aktivitäten im Rahmen der Haftentscheidungshilfe abgeschlossen sind, ehe der zuständige Jugendgerichtshelfer dem Täter das Angebot unterbreitet, sich beim Vermittler über die Möglichkeiten des Täter-Opfer-Ausgleichs zu informieren. Auch hier kann so verfahren, wie unter 9.7.1.3. aufgeführt. Ein TOA aus Anlass der Haftentscheidungshilfe erfolgt sehr zeitnah zur Tat. Dies kann in einzelnen Fällen sehr vorteilhaft sein, insbesondere wenn es um materielle Wiedergutmachung geht.

Bei Delikten mit hohem persönlichem Schaden (psychische und physische Beeinträchtigung) kann der TOA zu früh erfolgen. Geschädigte sollten ausreichend Zeit haben, die erlebte Tat und ihre Folgen zu verarbeiten. Ansonsten ist die Wahrscheinlichkeit der Ablehnung sehr hoch.

9.7.1.6 SONDERFALL: DIE EIGENE VERWALTUNG ALS GESCHÄDIGTE

Insbesondere in größeren Kommunen kommt es immer wieder vor, dass städtische Mitarbeiter oder Einrichtungen durch strafbare Handlungen geschädigt werden. Mitarbeiter von Jugendzentren können durch eine Körperverletzung geschädigt, Parkuhren aufgebrochen, Wände von Gebäuden besprüht oder bemalt werden.

Es hat sich als Missstand erwiesen, dass die Fachämter selbst oder durch das Rechtsamt „im Auftrag des Oberbürgermeisters" Strafantrag gegen Jugendliche stellen, während später die Jugendgerichtshilfe ebenfalls „im Auftrag des Oberbürgermeisters" bemüht ist, das förmliche Strafverfahren im Wege der Diversion zu vermeiden.

Es empfiehlt sich daher, wie in Aachen bzw. Stolberg eine Verfügung des zuständigen Dezernenten zu erwirken, dass in den Fällen, in denen sich Wiedergutmachung/Konfliktregelung anbietet, vor dem Stellen einer Strafanzeige/eines Strafantrages Kontakt mit der JGH aufzunehmen ist.

Es handelt sich hier um einen Sonderfall aus drei wesentlichen Gründen:

1.   Geschädigt ist nicht nur eine natürliche Person, sondern auch eine Institution,
2.   Geschädigter und Dienstherr der JGH sind identisch,
3.   Wiedergutmachung bzw. Konfliktregelung erfolgt vor einer Anzeige bei der
      Polizei, d.h. vor einer öffentlichen Bekanntmachung des strafbaren
      Ereignisses (Stichwort: Vor-Diversion).
      Damit wird eine Stigmatisierung vermieden, weil keine Registrierung erfolgt.

9.7.2 DATENAUFNAHME IM EINGANGSBUCH

Sind die Eignungskriterien für den TOA erfüllt, so sind im (digitalen) Eingangsbuch die entsprechenden Daten einzutragen.

Sind die Kriterien nicht erfüllt, wird der Fall der Staatsanwaltschaft bzw. den zuständigen Kollegen der JGH zurückgegeben.

Die Durchführung eines TOA ist grundsätzlich in jedem Verfahrensstadium möglich. Sind die Eignungskriterien nicht erfüllt oder ist die Bereitschaft zur Mitarbeit einer der Beteiligten nicht gegeben, kann die Durchführung des TOA auch zu einem späteren Zeitpunkt sinnvoll sein.

So ist es beispielsweise einem Jugendrichter in der Hauptverhandlung gelungen, die verhärteten Fronten zwischen Angeklagtem und Geschädigten aufzubrechen und eine Versöhnung einzuleiten. Zur statistischen Erhebung sind alle erforderlichen Daten nachzutragen.

Das Eingangsbuch sollte folgende Daten enthalten:

- Durchlaufende Fallnummer
- Namen von Täter und Opfer
- Namen beteiligter Rechtsanwälte
- das Delikt
- Eingangsdatum
- Aktenzeichen der Staatsanwaltschaft/des Jugendgerichtes
- Frist
- Abschlussdatum
- und das Handzeichen des Vermittlers zur Bestätigung.

Bei Nachfragen von Beteiligten stellt sich häufig die Schwierigkeit, dem Namen von Personen die jeweilige Fallnummer zuzuordnen, insbesondere wenn mehrere Verfahren gleichzeitig laufen. Um Sachstandsanfragen durch die Staatsanwaltschaft oder das Gericht zu erleichtern, bietet sich an, beim Schriftverkehr außer dem Namen des/der Beschuldigten auch die Fallnummer (z.B. TOA 100) anzugeben. Vor allem in der JGH lässt sich sofort erkennen, dass es sich um einen TOA und nicht um ein „klassisches Strafverfahren" handelt.

9.7.3 DIE CHECKLISTE (ANHANG)

In der „Checkliste" sind alle erforderlichen Daten einzutragen. Diese Checkliste bildet immer das erste Blatt der Akte, da hier die weiteren Arbeitsschritte chronologisch festgehalten werden. Dies gewährt dem Vermittler eine Übersicht über seine Vorgehensweise und den aktuellen Stand.

Das Kürzel „Schl." in der Mitte rechts des Bogens steht für „Schlüsselnummer". Alle Jugend-staatsanwälte und (vorsitzende) Jugendrichter erhalten eine solche Schlüsselnummer. Im Hinblick auf die Kooperation mit der Justiz lässt sich sehr schnell feststellen, wie es um die Fallzuweisung der einzelnen Juristen steht. Fällt ein Staatsanwalt durch besonders geringe Fallzuweisung auf, ist dies ein Anlass zur Prüfung, woran es liegen könnte. Sei es, dass er noch nicht ausreichend informiert bzw. überzeugt ist oder dass dieser nur ein kleines Sach-gebiet hat oder andere Gründe vorliegen. Mit zunehmender Erfahrung und Etablierung ist dies nicht mehr nötig. Für den Anfang ist es sinnvoll, sich einen Überblick verschaffen zu können, mit welchen Staatsanwälten und Richtern die Kooperation gut läuft bzw. verbesse-rungswürdig ist.

9.7.4 EINLADUNG DES TÄTERS ZUM VORGESPRÄCH

Der Täter wird zum Vorgespräch eingeladen. Da es sich ungeachtet der freiwilligen Teil-nahme zum TOA um ein anhängiges Strafverfahren handelt, ist grundsätzlich ein Beratungs-gespräch anzubieten.

Das Einladungsschreiben wird bewusst so formuliert, dass der Beschuldigte zwar erfährt, dass ein Verfahren gegen ihn läuft, er jedoch vom Vermittler nicht direkt beschuldigt und in die Täterrolle gedrängt wird. In jedem einzelnen Fall ist zu prüfen, ob die Verwendung einer Standardformulierung ausreicht oder ob es ratsam ist, ein persönliches Anschreiben zu fer-tigen.

Die Anschreiben an Täter und Opfer werden an den jeweiligen Interessen ausgerichtet und daher unterschiedlich formuliert. Während für das Opfer die Wiedergutmachung im Vorder-grund steht, ist für den Täter insbesondere der Ausgang des Verfahrens wichtig. Zwar sollte er auch zu einer Wiedergutmachung bereit sein, doch steht im Allgemeinen für Beschuldigte die Frage im Raum: „Was kommt jetzt auf mich zu?"

Der Beschuldigte wird im Standardschreiben wie folgt angeschrieben (Beispiel Körperver-letzung):

Betreff: Täter-Opfer-Ausgleich/Wiedergutmachung

Sehr geehrter Herr Theo A.,

die Staatsanwaltschaft Aachen übersendet mir eine Ermittlungsakte, aus der hervorgeht, dass Sie am 1. Mai dieses Jahres eine Auseinandersetzung mit Herrn/Frau (Name des/der Geschädigten) hatten, der/die dabei verletzt wurde.

Ihnen wird daher eine Körperverletzung vorgeworfen.

Die Staatsanwaltschaft ist bereit, das Verfahren gegen Sie einzustellen, wenn Sie die Angelegenheit mit Herrn/Frau (Name des/der Geschädigten) außergerichtlich bereinigen.

Dies kann eine Entschuldigung und/oder eine Wiedergutmachung mit einschließen.

Ich bin beauftragt zu vermitteln.

Um das Nähere zu besprechen, lade ich Sie zu einem Vorgespräch ohne (Name des/der Geschädigten) für

Wochentag, den   , um   Uhr

zu mir ein. Ich bitte Sie den Termin unbedingt einzuhalten.

(Zusatz bei Minderjährigen: Bitte lassen Sie sich von mindestens einem Elternteil begleiten.)

Wenn Sie Fragen haben oder einen anderen Termin wünschen, rufen Sie mich bitte an.

Mit freundlichem Gruß
Im Auftrag

9.7.5 EINLADUNG DES GESCHÄDIGTEN ZUM VORGESPRÄCH

Ist der Beschuldigte zu einem Ausgleich bereit, wird der Geschädigte ebenfalls über die Möglichkeit eines TOA informiert.

Auch dieses Schreiben ist relativ allgemein gehalten, wird jedoch ausschließlich auf die Bedürfnisse des Geschädigten ausgerichtet:

Betreff: Täter-Opfer-Ausgleich/Wiedergutmachung

Sehr geehrte/r Herr/Frau (Name des/der Geschädigten),

die Staatsanwaltschaft Aachen hat mir eine Anklageschrift zugesandt, aus der sich ergibt, dass Sie am _____ dieses Jahres eine Auseinandersetzung mit (Name des Beschuldigten) hatten und verletzt wurden.

Ihm wird daher eine Körperverletzung vorgeworfen.

Er hat sich in einem Gespräch bei der Jugendgerichtshilfe einsichtig gezeigt und erklärt, er wolle sich mit Ihnen aussprechen und die Angelegenheit außergerichtlich beilegen.

Ich bin beauftragt zu vermitteln.

Ich biete Ihnen daher an, Ihre Sichtweise des Geschehens zu schildern und Ihre Vorstellungen über eine angemessene Wiedergutmachung zu äußern (Täter – Opfer – Ausgleich).

Ich lade Sie zu einem Vorgespräch <u>ohne (Name des Beschuldigten)</u> für

(Wochentag), den   , um   Uhr

zu mir ein.

Ihre Mitwirkung ist absolut freiwillig. Sie können sich nach dem Gespräch frei entscheiden, ob Sie sich auf den Täter-Opfer-Ausgleich einlassen möchten. Eine persönliche Aussprache mit <u>(Name des Beschuldigten)</u> bei mir würde nur dann stattfinden, wenn Sie es wünschen.

Beiliegend erhalten Sie ein Faltblatt zum Täter – Opfer – Ausgleich.

Mit freundlichem Gruß

Im Auftrag

Ein persönliches Gespräch mit dem Geschädigten dient zunächst dazu, seine persönliche Sichtweise kennen zu lernen. Auch wenn es für jeden Vermittler wünschenswert ist, sollte ein Ausgleichsgespräch mit dem Beschuldigten nicht als einzige Möglichkeit der Konfliktregelung oder Wiedergutmachung angesehen werden.

Ein Geschädigter fühlt sich sehr leicht unter Druck gesetzt, wenn ein Ausgleich nur über die persönliche Begegnung mit dem Beschuldigten erfolgt. Der Vermittler sollte daher den Wunsch respektieren, von einem gemeinsamen Gespräch abzusehen, auch wenn ihm selbst die Gründe nicht nachvollziehbar erscheinen mögen.

Oberstes Prinzip beim TOA sollte sein, die persönlichen, individuellen Sichtweisen und Erwartungen der Betroffenen in den Vordergrund der Ausgleichsbemühungen zu stellen.

Eine objektive Sichtweise von Außenstehenden gibt es ohnehin nicht. Daher gilt auch für Vermittler, sich mit persönlichen Wertungen zurückzuhalten.

9.7.6 MATERIELLER SCHADENSERSATZ

Geht es bei dem Ausgleich überwiegend um eine Schadenswiedergutmachung (z.B. bei einer Sachbeschädigung), empfiehlt sich in einfachen Fällen zunächst den Geschädigten anzuschreiben:

Betr.: Wiedergutmachung

Sehr geehrte/r Herr/Frau   ,

Die Staatsanwaltschaft hat mir mitgeteilt, dass

_____

_____

_____

Der/die Beschuldigte hat die Tat zugegeben und sich bereit erklärt, den entstandenen Schaden wieder gut zu machen,

Ich habe die Aufgabe übernommen, bei der Schadenregulierung zu vermitteln.

Bitte teilen Sie mir schriftlich oder telefonisch Art und Höhe Ihres Schadens mit. Ist er bereits reguliert (z.B. durch eine Versicherung)? Soweit vorhanden, bitte ich um kopierte Belege (Rechnung, Kostenvoranschlag etc.) und um Mitteilung Ihrer Bankverbindung,

Ich werde mich umgehend mit dem/der Beschuldigten in Verbindung setzen und die Zahlung veranlassen.

Wenn Sie Fragen haben, stehe ich Ihnen gerne zur Verfügung,

Mit freundlichem Gruß

Im Auftrag

Hierbei kommt es zunächst darauf an, zu erfahren, ob ein Schadensersatz noch aussteht bzw. eine Regulierung erfolgt ist. Ist der Schaden durch eine Versicherung beglichen worden, so erfolgt der Schadensersatz gegenüber der Versicherung. Denn trotz bestehendem Versicherungsschutz des Geschädigten ist ein Täter bei einer vorsätzlichen Tat zum Schadensersatz rechtlich verpflichtet.

Wird eine Schadensersatzforderung gestellt, so ist bei Minderjährigen darauf zu achten, dass die Erziehungsberechtigten bzw. gesetzlichen Vertreter in die weitere Regulierung einbezogen werden.

Für das Schreiben an den Beschuldigten empfiehlt sich folgender Text:

Betr.: Wiedergutmachung

Sehr geehrte/r Herr/Frau

durch die Staatsanwaltschaft habe ich erfahren, dass

_____

_____

_____

Die Staatsanwaltschaft beabsichtigt das Verfahren einzustellen, wenn Sie bereit sind,
den entstandenen Schaden wieder gut zu machen.

Der Schaden beläuft sich auf _____ €.

Nach erfolgter Schadenswiedergutmachung würde eine Gerichtsverhandlung nicht stattfinden und die Angelegenheit wäre für Sie erledigt.

Um das Nähere mit Ihnen zu besprechen, lade ich Sie für (Termin) zu mir ein.

Mit freundlichem Gruß

Im Auftrag

Forderungen sollten möglichst schriftlich mitgeteilt werden. Dies kann ein Beleg bzw. eine Rechnung sein, ein Kostenvoranschlag oder eine persönliche Forderung auf Schadensersatz oder Schmerzensgeld.

9.7.7 BETEILIGUNG VON RECHTSANWÄLTEN

Sind Anwälte beteiligt, werden sie gleichzeitig mit ihren Mandanten über das Angebot des TOA informiert. Handelt es sich um Anwälte, mit denen der Vermittler bisher noch nicht zusammengearbeitet hat, so werden ihnen (falls vorhanden) ein Erfahrungsbericht, ein Faltblatt oder schriftlich weitere Hinweise zugesandt.

Oft ist bei dem Falleingang nicht bekannt, dass einer der Beteiligten anwaltlich vertreten wird, daher erfolgt bereits im Einladungsschreiben der Hinweis, den Anwalt zu informieren.

Um den Überblick zu behalten, welche Anwälte bisher an einem TOA teilgenommen haben, sind sie namentlich in einer gesonderten Liste zu erfassen. Hier wird zusätzlich die Fallnummer eingetragen und, ob sie den Täter oder den Geschädigten vertreten haben.

9.7.8 TERMINIERUNG DES AUSGLEICHSGESPRÄCHES

Sind die Beteiligten zu einem Ausgleichsgespräch bereit, wird mit ihnen ein Termin für das Ausgleichsgespräch vereinbart. Sind sie anwaltlich vertreten, werden auch die Anwälte über den Termin unterrichtet. Es liegt in der Entscheidung des Mandanten und seines Anwaltes, ob der Anwalt am Ausgleichsgespräch teilnimmt oder nicht.

Die Erfahrungen sind überwiegend positiv. Nimmt der Anwalt teil, so ist eher eine abschließende Regelung zu erwarten, als wenn ohne dessen Teilnahme erst eine Rücksprache erfolgen muss und der Anwalt gegebenenfalls Gesichtspunkte mit einbringt, die nicht Bestandteil des Ausgleichsgespräches waren und den anderen Beteiligten erst näher gebracht werden müssen. So sind Verzögerungen nicht auszuschließen.

Oft genügt eine telefonische Terminabsprache.

Eine kurze schriftliche Einladung sieht wie folgt aus:

Betr.: Täter – Opfer – Ausgleich/Aussprache

T e r m i n m i t t e i l u n g

Lieber Theo A.,

das Gespräch mit (Name des/der Geschädigten) wegen der Auseinandersetzung am
findet am

Donnerstag, den   , um   Uhr

bei mir statt.

Es geht um eine außergerichtliche und einvernehmliche Beilegung des Konfliktes, die auch eine für alle Beteiligte zufrieden stellende Regelung des zukünftigen Umgangs miteinander beinhaltet.

(Bei Minderjährigen:) Bitte lasse dich von wenigstens einem Elternteil begleiten.

Mit freundlichem Gruß
Im Auftrag

9.7.9 DAS AUSGLEICHSGESPRÄCH

Das Ausgleichsgespräch dient der Aufarbeitung der Tat und der Verhandlung über Möglichkeiten, den Konflikt beizulegen.

Vielfach wird der Konflikt allein durch die gemeinsame Aussprache bereinigt.

Die Beteiligten tragen unter der Mitwirkung des Vermittlers ihre persönliche Sichtweise des Tatgeschehens und dessen Folgen vor. Die Hoffnungen und Erwartungen werden zur Sprache gebracht, die aus jeweils subjektiver Sicht mit einem angestrebten, erfolgreichen Abschluss verbunden sind.

Für die Konfliktpartner tritt eine erneute Belastung ein: „Die doppelte Konfrontation"

a) mit der Tat,

b) mit der Person des anderen Beteiligten.

Der Vermittler sollte die wieder auflebende Dynamik des Konfliktes kontrollieren können. Daher ist eine Strukturierung des Gespräches erforderlich.

Der Gesprächseinstieg

Zu Beginn herrscht meist eine sehr gespannte Atmosphäre, da die Betroffenen emotional sehr angespannt sind. Oft ist ein Dialog zwischen ihnen noch nicht möglich und sie suchen das Gespräch über den Vermittler.

Geschädigter: Die Tat und seine Auswirkungen sind noch nicht vollständig aufgearbeitet.

Beschuldigter: Er muss sich dem Geschädigten unausweichlich stellen.

Der Vermittler hat hierbei die Aufgabe, die Beteiligten miteinander ins Gespräch zu bringen. Meist sprechen sie nicht direkt zueinander, sondern zum Vermittler. Sie hören dennoch aufmerksam zu, da das Gesagte persönlich sehr wichtig ist. Entweder erfolgen konkrete Rückäußerungen oder der Vermittler bittet den jeweils gemeinten, aber nicht direkt ange-sprochenen Beteiligten um Stellungnahme.

Die Aufarbeitung der Tat und die Offenlegung des Konflikts

Die Betroffenen sollten ihre individuelle Sichtweise zur Sprache bringen und deutlich ihre Position ausdrücken. Für den Geschädigten ist das Erleben und Erleiden einer Straftat ein besonders einschneidendes Ereignis („Störung der alltäglichen Routine").

Eine Sachbeschädigung bei bestehendem Versicherungsschutz kann ein bloßes Ärgernis be-deuten. Dagegen kann eine Körperverletzung oder ein Raub als „echte Lebenskatastrophe" empfunden werden.

Der Vermittler sollte von der Annahme ausgehen, dass er nicht weiß, worin der Konflikt für die Beteiligten besteht. Es muss nicht die Straftat selbst sein, er kann z.B. auch in der Vorge-schichte begründet sein und die Straftat als solche ist der Höhepunkt, die Eskalation.

Der Vermittler hat hier die Aufgabe zu erfüllen, eine konstruktive Aussprache zu fördern. Sie hilft, den Beteiligten einen Weg zu finden, in positiver Weise mit ihrem Konflikt umzugehen. Können sie ihre individuelle Position dem anderen gegenüber einsehbar machen, sind sie eher in der Lage, eine Basis für einen friedlicheren Umgang miteinander zu schaffen.

Die Verhandlung über eine Wiedergutmachung

Hier geht es um die gemeinsame Überlegung der Beteiligten, wie der entstandene Schaden wieder gut gemacht werden kann.

Oft ist die Beziehung zwischen den Betroffenen nachhaltig gestört, z.B. wenn parallel zum Strafverfahren ein zivilrechtliches Verfahren anhängig ist. Hier wird immer wieder der Fehler gemacht, dass über Forderungen gestritten wird ohne über den Sachverhalt, der die Grundlage für zivilrechtliche Verhandlungen darstellt, gesprochen zu haben.

Beim Täter-Opfer-Ausgleich sollte der Vermittler Wert auf eine an Fairness orientierte Verhandlungsführung legen, deren Ziel die Integration der unterschiedlichen Interessen auf beiden Seiten ist.

Dem Vermittler kommt die schwierige Aufgabe zu, alle Beteiligten zu unterstützen. Er sollte ihnen das Gefühl vermitteln, dass es möglich ist, die unterschiedlichen Interessen zu respektieren. Dazu gehört, sie nicht in eine Argumentationsmethode abdriften zu lassen, in der die gegenseitigen Ansprüche bzw. Erwartungen bekämpft werden.

Die Interessen des Konfliktpartners anzugreifen, bedeutet, die eigenen Ansprüche leichtfertig aufs Spiel zu setzen; denn das vermindert die Motivation des Verhandlungspartners.

Wenn beide darauf bedacht sind, das zu akzeptieren, was der andere wirklich will, werden auch die eigenen Belange geachtet.

Statt „Gewinner-Verlierer" sollte die Verhandlungsstrategie „Gewinner-Gewinner" lauten.

Eine in dieser Form entwickelte Vereinbarung ist in der Regel tragfähiger als ein unter Druck erzwungener Kompromiss (z.B. das Drohen mit einer Zivilklage).

Bei Körperverletzungen ergeben sich häufig Schwierigkeiten bei der Vereinbarung eines angemessenen Schmerzensgeldes. Eine Orientierungshilfe ist die Hacks-Schmerzensgeldtabelle (s. 7.1.5.3).

In den meisten Fällen sind ähnlich gelagerte Fälle in der Tabelle nur schwer zu finden. Die Tabelle ist hilfreich bei der Bestimmung der prinzipiellen Größenordnung, die konkreten Beträge sollten die Beteiligten selbst vereinbaren.

Mit der Zeit entwickeln Vermittler allerdings ein Gespür dafür, ob und wie sie den Beteiligten eigene Vorschläge anbieten, wenn es den Beteiligten schwer fällt, ihre persönlichen Vorstellungen „über die Lippen zu bringen".

Der Gesprächsabschluss

Der Gesprächsverlauf wird zusammengefasst und reflektiert. Die Gesprächspartner überprüfen so, inwieweit ihre anfänglichen Erwartungen und Hoffnungen, aber auch ursprüngliche Befürchtungen, mit dem erzielten Ergebnis übereinstimmen.

Der Vermittler zieht mit den Beteiligten ein Resümee über den Erfolg des Schlichtungsgespräches. Wurde eine zu erbringende Leistung vereinbart, überwacht der Vermittler deren Einhaltung. Er steht beiden Seiten weiterhin als Ansprechpartner zur Verfügung, wenn Probleme entstehen.

9.7.10   VEREINBARUNGEN

Vereinbarungen sollten möglichst schriftlich festgehalten werden. Wenn dies von den Beteiligten nicht gewünscht wird, sollte der Vermittler das Ergebnis in einem schriftlichen Bericht festhalten.

Eine Mustervereinbarung sieht wie folgt aus:

Vereinbarung

Am _____ haben

Theo A., wohnhaft _____ in _____,

gesetzlich vertreten durch: _____ in _____

und

Friedrich Harmlos, wohnhaft _____ in _____,

folgende Vereinbarung getroffen:

Zum Ausgleich der bis zum heutigen Tag entstandenen Ansprüche aus dem Vorfall vom _____

zahlt Theo A. (Name des/der Geschädigten) ein Schmerzensgeld/eine Schadenswiedergutma-

chung in Höhe von _____ € insgesamt.

Die monatlichen Raten von _____ € werden beginnend ab dem _____ auf folgendes

Konto überwiesen:

      (Name)   *(Bank)*   *(IBAN)*   *(BIC)*

Von dieser Vereinbarung ausgenommen sind Ansprüche, die kraft Gesetzes auf die gesetzlichen

Sozialversicherungsträger (z.B. Krankenkasse nach § 116 SGB X) übergegangen sind.

Kommt Theo A. mit einer Rate oder Teilen einer Rate um mehr als zwei Wochen in Rückstand,

wird der noch ausstehende Restbetrag in einer Summe fällig.

Aachen, den

     Theo A.   *ges. Vertreter*   *(Geschädigte/r)*

Eine in dieser Form schriftlich fixierte Vereinbarung ist rechtlich verbindlich. Zahlt Theo A. nicht, kann der/die Geschädigte seine/ihre Forderung z.B. mit einem Mahnverfahren durchsetzen.

Soll eine Vereinbarung getroffen werden, obwohl nicht absehbar ist, ob z.B. eine Verletzung folgenlos ausheilt, kann über die Formulierung „der bis zum heutigen Tag entstandenen Ansprüche" hinaus folgender Passus eingefügt werden:

Weitergehende Ansprüche bleiben (Name des/der Geschädigten) vorbehalten, soweit sie ihren Ursprung in dem o. a. Vorfall haben.

Gelegentlich kann es vorkommen, dass Täter in nicht klaren Sachverhalten eine Wiedergutmachung leisten wollen, aber Forderungen durch Dritte befürchten, z.B. Ersatzansprüche von Krankenkassen bei einer Körperverletzung. Die Unklarheit kann sich auf die Mitwirkung weiterer Beteiligten beziehen oder auf das etwaige Mitverschulden des Geschädigten. In diesen Fällen hat sich (auf Anregung eines Rechtsanwaltes) folgende Formulierung als hilfreich erwiesen:

Zum Ausgleich der bis zum heutigen Tag entstandenen Ansprüche zahlt Theo A. (Name des/der Geschädigten) *ohne Anerkennung einer Rechtspflicht* eine Wiedergutmachung von....

Ansprüche von Dritten sind von einer Vereinbarung zwischen den Konfliktbeteiligten ausgeschlossen. Dies gilt insbesondere für Ansprüche von Krankenkassen auf Erstattung der Kosten für die Heilbehandlung, Kosten einer Lohnfortzahlung der Arbeitgeber oder Sachschäden, bei denen keiner der Beteiligten der Eigentümer ist (z.B. Eingangstür einer Mietwohnung).

Der Vermittler überwacht und begleitet die Umsetzung vereinbarter Leistungen. Treten Probleme auf, unterstützt er weiterhin alle Beteiligten.

Vereinbarte Leistungen werden von allen, die davon betroffen sind, unterschrieben.

Der Vermittler unterschreibt nicht. Er ist nicht Beteiligter der Vereinbarung. Er unterschreibt nicht einmal in der Eigenschaft eines Zeugen. Es soll damit dokumentiert werden, dass es sich um eine freie, einvernehmliche Regelung der betroffenen Parteien handelt. Wird der Vermittler als Zeuge benötigt, ist zu überlegen, ob nicht etwas unklar geblieben ist oder übersehen wurde. Der Vermittler sollte in einem solchen Fall gezielt nachfragen.

Immer wieder kommt es vor, dass Schüler oder Arbeitslose grundsätzlich bereit sind, eine materielle Wiedergutmachung zu leisten, finanziell dazu jedoch nicht in der Lage sind. Hier sollte die Möglichkeit bestehen, aus dem Opferfonds ein Darlehen zu gewähren oder aber die Möglichkeit einzuräumen, einen konkreten Betrag abzuarbeiten.

Befindet sich der Fonds bei der Jugendgerichtshilfe, so kann in der Regel der Vermittler selbst über die Finanzen verfügen. Allerdings ist ein Sonderkonto, das durch Geldbußen gespeist wird, einem Haushaltsansatz aus städtischen Mitteln vorzuziehen, da dort die bürokratischen Hürden hoch gesteckt und wenig flexibel sind.

Befindet sich der Fonds bei einem freien Träger, so ist darauf zu achten, dass der Verein zustimmt und ein entsprechender Vertrag besteht. In Aachen ist der Opferfonds beim Verein für Jugendhilfe e.V. angesiedelt, in Stolberg beim „Fallschirm e.V." Um eine unbürokratische Schadensregulierung zu ermöglichen, haben die Vorstände der Vereine beschlossen, dass die Vermittler und Jugendgerichtshelfer über einen Betrag bis zu 500,- € pro Einzelfall verfügen können.

Die Finanzierung ist in zwei Formen möglich:

a) Die Gewährung eines Darlehens,

b) das Ableisten gemeinnütziger Arbeit.

In beiden Fällen ist die Rückzahlung eines noch ausstehenden Restbetrages jederzeit möglich.

Hin und wieder bietet sich eine Kombination an. Ein Teil des Gesamtbetrages wird selbst bezahlt (z.B. die Hälfte), der andere Teil abgearbeitet oder als Darlehen gewährt. Ziel dabei ist stets, dem Täter annehmbare Zahlungsmodalitäten zu gewähren und dem Geschädigten möglichst lange Laufzeiten zu ersparen.

In Aachen werden derzeit pro Stunde gemeinnütziger Arbeit 6,- € vergütet, in Stolberg 6,50 €. Bei einem Höchstbetrag von 500,- € können daher (abgerundet) maximal 80 Stunden gearbeitet werden.

Bei der Gewährung von Darlehen hat es sich als weitere Vereinbarung als sinnvoll erwiesen, den Darlehensbetrag erst dann zu überweisen, wenn der Täter dem Verein einen Beleg über die Einrichtung eines Dauerauftrags für die Rückzahlung in monatlichen Raten vorgelegt hat.

Von den entsprechenden Verträgen werden Ausfertigungen für die Vertragspartner (Täter/Verein) und die TOA – Unterlagen benötigt.

Wird mit dem Jugendlichen vereinbart, einen Schadensersatzbetrag abzuarbeiten, ist ihm eine sinnvolle Einsatzstelle mitzuteilen. Da die JGH ohnehin für die Einteilung und Überwachung von Arbeitsstunden zuständig ist, werden die entsprechenden Formulare verwendet.

Sind die Arbeitsstunden vereinbarungsgemäß erfüllt oder liegt der Beleg über den Dauerauftrag vor, veranlasst der Vermittler mittels folgenden Schriftsatzes die Überweisung des vereinbarten Betrages aus dem Opferfonds an den Geschädigten.

Verein für Jugendhilfe e.V.

Opferfonds

Sehr geehrte Damen und Herren,

in einem Verfahren wegen Körperverletzung (TOA Fall-Nr. _____) hat sich (Name des Beschuldigten) verpflichtet, dem Geschädigten Friedrich Harmlos eine Wiedergutmachung von insgesamt 500 € zu leisten.

Da er nicht in der Lage ist, den Betrag allein aufzubringen, wurde vereinbart, ihn durch 80 Stunden gemeinnützige Arbeit abzuarbeiten. Er hat inzwischen 80 Stunden erfüllt.

Ich bitte um Überweisung von 500,- € auf das folgende Konto:

(Name des Geschädigten)

_____ Bank (IBAN _____) – (BIC) _____

Verwendungszweck: Wiedergutmachung Theo A.

Mit freundlichem Gruß

Im Auftrag

9.7.12 ABSCHLUSSBERICHT

Bei sehr umfangreichen Ausgleichsfällen ist es erforderlich, einen ausführlichen Bericht an die Verfahrensbeteiligten (Staatsanwaltschaft/Gericht) zu senden. Scheitert der Täter-Opfer-Ausgleich, empfiehlt sich ein ausführlicher Bericht. Es sollten die Gründe angegeben werden, warum ein erfolgreicher Abschluss nicht zustande kam. Hierbei ist zu überlegen, ob eine Alternative angeboten werden kann.

Sind keine Besonderheiten zu berichten, kann ein Vordruck verwendet werden:

Staatsanwaltschaft

- Abt. -

52034 Aachen

Wiedergutmachung

Verfahren gegen Theo A.; geb. _____. Aktenzeichen: _____

Der Täter-Opfer-Ausgleich/die Schadenswiedergutmachung ist abgeschlossen.

☐　　Am _____ wurde ein Ausgleichsgespräch mit den Beteiligten erfolgreich geführt.

☐　　Eine persönliche Aussprache zwischen den Beteiligten fand privat statt.

In gegenseitigem Einvernehmen wurde folgendes vereinbart:

☐　　Schriftliche oder mündliche Entschuldigung.

☐　　Schmerzensgeld/Schadenersatz in Höhe von _____ € an Frau/Herrn _____.

☐　　Opferfonds: Darlehen/ ____ Arbeitsstunden in Höhe von _____ €.

☐　　Ratenzahlungen von _____ Raten zu je _____ €, beginnend ab _____.

☐　　Geschenk: _____.

☐　　Gemeinsame Aktivität: _____.

☐　　Sonstige Vereinbarung: _____.

☐　　Der Schaden ist bezahlt (s. Beleg).

☐　　Ich rege an, das Verfahren wie vorgesehen einzustellen.

　　　Mit freundlichem Gruß

　　　Im Auftrag

Das Faltblatt ist eine Kurzinformation für die Betroffenen und die Verfahrensbeteiligten. Es wird insbesondere den Tätern und Geschädigten mit dem Einladungsschreiben zum Vorgespräch zugesandt, evtl. beteiligten Angehörigen oder Rechtsanwälten.

Das Faltblatt dient im Übrigen der Öffentlichkeitsarbeit. Es kann bei Informationsveranstaltungen, Tagungen, Arbeitskreisen usw. verteilt werden.

Auf den folgenden zwei Seiten wird der Innentext des Faltblattes der JGH Aachen wiedergegeben. Grafik und Layout und weitere Hinweise wie Namen, Telefon und Erreichbarkeit der Vermittler werden hier nicht dargestellt:

Die Tat und ihre Folgen

Begehen Jugendliche oder junge Erwachsende eine strafbare Handlung; lösen sie meist nicht unerhebliche Folgen für die Geschädigten aus wie z.B. gesundheitliche, wirtschaftliche und seelische Beeinträchtigungen. Ein jugendlicher Täter erkennt die Folgen seiner Tat oft zu spät und wäre gerne bereit, die Verantwortung dafür zu übernehmen und aus dieser Erfahrung zu lernen.

Für die Geschädigten entsteht eine belastende Situation; mit der sie häufig allein zurechtkommen müssen. In einem Strafverfahren erhalten sie kaum die Gelegenheit; ihre Ansprüche geltend zu machen, sondern werden auf den zivilrechtlichen Weg verwiesen.

Ein mühsamer und aufwendiger Weg: Eine Tat, zwei Verfahren.

Wäre da nicht ein Weg sinnvoll, durch gemeinsame Konfliktbewältigung die entstandene Ungerechtigkeit durch direkte Wiedergutmachung auszugleichen und den friedlichen und normalen Umgang miteinander wieder herzustellen?

Das Angebot

Ein Vermittler bietet dem Täter und dem Geschädigten an, die Konflikte, die aus Streitigkeiten und Schädigungen entstanden sind, in einer fairen Auseinandersetzung gemeinsam zu regeln. Er unterstützt alle Beteiligten unparteiisch bei ihren Bemühungen um einen Ausgleich.

Der Geschädigte kann

- dem Täter die Folgen der Tat verdeutlichen
- seine Gefühle der Enttäuschung und Verletzung ausdrücken
- rasche und unbürokratische Wiedergutmachung geltend machen.

Der Täter kann

- zeigen, dass er seine Tat bedauert und dafür einsteht
- zu erkennen geben, dass er die Empfindungen des Geschädigten ernst nimmt
- durch aktive Wiedergutmachung die Angelegenheit in Ordnung bringen.

Die Praxis

In Einzelgesprächen können die Beteiligten dem Vermittler ihre Erwartungen und Vorstellungen hinsichtlich einer erfolgreichen Konfliktlösung mitteilen. Wünschen sie ein gemeinsames Gespräch, wird ein Termin vereinbart.

Im Ausgleichsgespräch wird über den Vorfall, dessen Folgen und die aktuelle Sichtweise (z.B. die Belastungen und Ärgernisse des Geschädigten) gesprochen, Danach wird nach einer geeigneten Form der Wiedergutmachung gesucht.

Wird von mindestens einem der Beteiligten ein Gespräch nicht erwünscht kann mit dem Vermittler über Möglichkeiten gesprochen werden, einen Ausgleich ohne persönliche Begegnung zu erzielen.

Der Opferfonds

Zur Unterstützung des Täter-Opfer-Ausgleichs hat der Verein für Jugendhilfe e.V. Aachen einen Opferfonds eingerichtet, damit auch ein materieller Ausgleich (z.B. Schmerzensgeld) nicht am fehlenden Geld scheitern muss.

Unter bestimmten Voraussetzungen kann dieser Opferfonds in Anspruch genommen werden.

Die Durchführung erfolgt nach den rechtlichen Bestimmungen des Jugendgerichtsgesetzes (JGG).

Bei keiner anderen Maßnahme wird so ausführlich Statistik geführt wie beim Täter-Opfer-Ausgleich (wenn sie denn geführt wird!).

Ein Erfahrungsbericht, der nicht nur aus zahlenmäßiger Statistik besteht, sondern auch die Akzeptanz aller am TOA beteiligten Personen und Institutionen widerspiegelt, ist für eine gezielte Projektentwicklung eine große Hilfe.

Wir empfehlen, sich mit dem Servicebüro für Täter-Opfer-Ausgleich der Deutschen Bewährungshilfe (DBH) in Verbindung zu setzen, sich zu informieren und sich bei Bedarf an der bundeseinheitlichen Statistik zu beteiligen (www.toa-servicebuero.de).

KAPITEL X

FAZIT: DER TOA UND „BRAUCHBARE GERECHTIGKEIT"

10.1 „Brauchbare Gerechtigkeit" nach Lutz Netzig

Dr. Lutz Netzig, Initiator, Mitarbeiter und Projektleiter der Waage Hannover, hat im Rahmen seiner wissenschaftlichen Forschung Opfer und Täter befragt, die an einem TOA teilgenommen haben. Ihm ging es vorrangig um deren Zufriedenheit mit den Rahmenbedingungen, dem Verlauf und dem Ergebnis des TOA. Seine Auswertung fasste er unter anderem in den folgenden 19 „empirischen Verallgemeinerungen" zusammen, die wir mit unseren Kommentaren aus Sicht der Praktiker (und für Praktiker) ergänzen. Sein Buch „Brauchbare Gerechtigkeit" empfehlen wir jedem Praktiker, der bereit ist, diese Thesen als Anforderung für professionelle Vermittlung zu akzeptieren.[32] Es ist ein Plädoyer für den Täter-Opfer-Ausgleich.

10.2 Die „empirischen Verallgemeinerungen"

1.

Die Tatsache, dass die betroffenen Opfer und Täter sich selbst für oder gegen einen TOA entscheiden können, erhöht ihre Bereitschaft zur Verantwortungsübernahme.

Hier wird noch einmal das Prinzip der Freiwilligkeit betont. Weder Täter noch Opfer dürfen zum TOA gezwungen werden. Dazu gehört auch das Recht, den Täter-Opfer-Ausgleich jederzeit beenden zu können, wenn er keinen Erfolg verspricht.

---

[32] Netzig, L. (2000): Brauchbare Gerechtigkeit. Mönchengladbach.

> **2.**
>
> **Die Bereitschaft von Opfern und Tätern zu einem außergerichtlichen Einigungsversuch wird maßgeblich beeinflusst von der Transparenz und Überschaubarkeit des Verfahrens.**

Um Transparenz und Überschaubarkeit sicherzustellen, sorgen Vermittler stets dafür, dass Täter und Opfer den Verfahrensstand nachvollziehen können. Informiertheit ist neben Autonomie, Freiwilligkeit und Ergebnisoffenheit eines der zentralen Prinzipien der Mediation.

> **3.**
>
> **Die Motivationen von Opfern und Tätern zur Teilnahme an einem TOA beziehen sich auf Aspekte der aktiven Tatverarbeitung, auf Wünsche und Vorstellungen bezüglich einer angemessenen Schadenswiedergutmachung sowie auf die Ablehnung eines formellen Gerichtsverfahrens. Die Motive sind allerdings keineswegs statisch, sondern verändern sich im Laufe des Prozesses.**

Vermittler erkunden sowohl in den Vorgesprächen als auch im Ausgleichsgespräch die Interessen und Bedürfnisse der Konfliktparteien und sorgen für gute Gesprächsbedingungen. Vor allem nehmen Sie auch deren Ängste und Widerstände ernst. Die Leitfrage ist stets: Was ist ihnen wichtig?

> **4.**
>
> **Durch die Möglichkeit, die Inhalte und Ergebnisse des TOA selbst zu bestimmen, erleben die Betroffenen Gerechtigkeit nicht als 'Schicksal`, sondern als Ergebnis eigener Handlungen und Entscheidungen.**

Die Konfliktparteien erleben sich als selbstbestimmte und handlungsfähige Subjekte ihres eigenen Verfahrens. Mit ihnen wird nicht gemacht – sie machen! Aufgrund der durch die Straftat entstandenen Belastungen brauchen sie die Unterstützung des Mediators durch die Gestaltung des Verständigungsprozesses. Er bewertet und beurteilt nicht.

5.

Für die Zufriedenheit der Betroffenen mit dem TOA ist es von zentraler Bedeutung, dass sie selbst die Ergebnisse aushandeln.

Eine zu starke Einflussnahme des Vermittlers beschleunigt zwar unter Umständen die Einigung, reduziert jedoch die Identifikation der Betroffenen mit dem Ergebnis.

Auch wenn der Vermittler glaubt, die Lösung gefunden zu haben, wäre es „seine Lösung", nicht die der Konfliktparteien. Hilft er ihnen bei der Klärung ihrer jeweiligen Interessen, entdecken sie „ihre Lösung" von allein.

6.

Ein wesentliches konstruktives Element des TOA liegt darin, dass die Beteiligten hier ihre Positionen verändern und Zugeständnisse machen können, ohne dabei ihr Gesicht zu verlieren.

Wenn man sein Gesicht verliert, kann man sich nicht mehr in die Augen sehen. Positionen sind veränderlich. Wesentlich sind die dahinter liegenden Bedürfnisse und Interessen, z.B. Sicherheit und körperliche Unversehrtheit. Die Erarbeitung von Lösungen, mit denen alle zufrieden sind, erfolgt auf der Grundlage dieser Bedürfnisse und Interessen. Bedürfnisse sind etwas sehr Persönliches und nicht verhandelbar.

7.

Indem die betroffenen Opfer und Täter mit Hilfe des Vermittlers die (aus ihrer Sicht) zentralen Aspekte des Konflikts / der Straftat heraus arbeiten, wird die Grundlage für eine umfassende Klärung und ein als befriedigend und gerecht erlebtes Ergebnis geschaffen.

Die Aufgabe des Vermittlers liegt darin, in der Phase der Konflikterhellung die zentralen, an den jeweiligen Interessen und Bedürfnissen orientierten Anliegen, gemeinsam mit den Konfliktparteien herauszuarbeiten. Ein gerechtes und befriedigendes Ergebnis ist nicht nur sachgerecht, sondern auch emotional zufriedenstellend.

8.

Zunächst müssen sich Opfer und Täter mit ihren Positionen, Sichtweisen und Emotionen akzeptiert fühlen. Erst dann sind sie fähig und bereit, sich an ihren Interessen zu orientieren und auf die Zukunft bezogene Lösungen zu suchen.

Vermittler sind auch Dolmetscher. Sie helfen, Emotionen in Worte zu fassen. Sie hören gut zu beobachten und spiegeln wider. Sie hören in Vorwürfen verunglückte Wünsche und sprechen das an. Wer sich verstanden fühlt, kann auch andere verstehen. Die Kunst des Vermittlers besteht darin, zur rechten Zeit die richtigen Fragen zu stellen und die Konfliktparteien miteinander ins Gespräch zu bringen.

9.

Durch die Einbeziehung der Gefühlsebene finden im Rahmen des TOA auch solche Aspekte von Gerechtigkeit und Ausgleich Berücksichtigung, die im traditionellen Gerichtsverfahren ignoriert werden.

Gerichtsverfahren sind formalisiert. Die Kommunikation ist darauf ausgerichtet Fakten zu klären und die „Wahrheit" zu finden. Es geht nicht um Verständigung und Interessensausgleich zwischen dem Angeklagten und dem Zeugen. Emotionen haben wenig Platz und werden selbst nicht zum Thema. In der Mediation sind Emotionen wichtig und die subjektiven Wahrheiten bekommen ihren Platz.

10.

Ein für die Betroffenen befriedigender und gerechter TOA setzt nicht voraus, dass es zwischen Opfer und Täter in allen Punkten zu einer Klärung und Übereinstimmung der subjektiven Wahrnehmungen bezüglich des Konflikts und der Tat kommt. Entscheidend ist die Auseinandersetzung mit der differierenden Perspektive des anderen.

Es ist möglich, die Sichtweise des anderen nachvollziehen zu können, auch wenn man sie aus der eigenen Sicht nicht akzeptiert. Den anderen zu verstehen heißt nicht automatisch, auch einverstanden zu sein. Die Akzeptanz unterschiedlicher Sichtweisen soll das Verharren auf Positionen, Konfrontation und Rechthaberei vermeiden. Der Vermittler stellt die Frage, was beide jeweils brauchen, um sich auf eine gemeinsame Lösung einigen zu können.

11.

Die auf den Kommunikationsprozess bezogene Leitung und Strukturierung durch den Vermittler gibt den Betroffenen die nötige Sicherheit, um über die Tat, deren Ursachen und Folgen sowie angemessene Wiedergutmachungsleistungen im direkten Gespräch reden zu können.

Der Vermittler ist Wegbereiter und Begleiter. Er gibt den Konfliktparteien das Gefühl, bei ihm gut aufgehoben zu sein. Seine allparteiliche Haltung, die durch seine professionale Leitung sichtbar wird, gibt ihnen Halt.

12.

Die auf die Inhalte und Ergebnisse bezogene Flexibilität und Offenheit des TOA-Verfahrens gibt den Betroffenen den nötigen Freiraum, um trotz unterschiedlicher Motivationen und Ziele zu befriedigenden Ergebnissen zu kommen.

Offenheit in der Kommunikation („sich öffnen") und Ergebnisoffenheit bedingen sich gegenseitig. Starre Positionen, die schon zu Beginn materielle Ansprüche zur Bedingung machen, verhindern das Sich-Öffnen der Konfliktparteien. Hier hilft einer der Leitsätze aus dem Harvard-Konzept: Nicht um Positionen feilschen, sondern die Positionen als Ausgangspunkt für Erkundungen ansehen.

13.

Mitunter brauchen die Betroffenen im Verlauf eines TOA Pausen (´Auszeiten`), um sich ihrer Argumente und Interessen klar zu werden und vorhandene Entscheidungsalternativen mit Vertrauenspersonen erörtern zu können.

Auszeiten bieten die Möglichkeit, sich zu zurückzuziehen und sich zu besinnen. Sie sind auch sinnvoll, um die eigenen Eindrücke mit Personen des Vertrauens zu reflektieren. Eine Auszeit kann Druck aus dem Verfahren nehmen. Dies kann auch der Erfolgsdruck sein.
Dafür sollten Vermittler ein gutes Gespür entwickeln.

14.

Die ´Haltbarkeit` der im TOA erarbeiteten ´Gerechtigkeitskonstruktionen` hängt ab von der Verantwortungsübernahme der Betroffenen, der von ihnen empfundenen Fairness des Verfahrens sowie von der Konkretheit, Kontrollierbarkeit und raschen Abwicklung der getroffenen Vereinbarungen.

Gemeinsam erarbeitete Vereinbarungen halten, wenn sich alle dran halten. Die Haltbarkeit im Sinne von Verbindlichkeit hängt davon ab, dass die Konfliktparteien das Gefühl haben, dass ihnen keiner eine Lösung aufgezwungen hat, weder Gericht noch Vermittler, auch wenn es ein mühsamer und schwieriger Weg ist. Der ernsthafte Wille zur Umsetzung setzt voraus, dass beide Seiten die Vorteile des Ergebnisses sowohl beim anderen als auch bei sich deutlich erkennen können.

15.

Die Entwicklung gemeinsamer Vorstellungen von Gerechtigkeit erfolgt über die Herausarbeitung und Konfrontation von verschiedenen Sichtweisen und Streitpunkten, also über die Akzeptanz und Betonung von Unterschieden, nicht über eine (vor-)schnelle Harmonisierung.

Gerechtigkeit setzt voraus, dass das Ergebnis allen Beteiligten gerecht wird – und nicht, dass jede Seite glaubt, im Recht zu sein.

16.

Im Vermittlungsgespräch klären und artikulieren die Betroffenen ihre Bedürfnisse und Interessen. Hierbei kommt es oft zu einer Umdeutung von Gerechtigkeits-Maßstäben (bezogen auf den konkreten Einzelfall).

Unmittelbar nach dem Erleben der Tat kann die Bestrafung des Täters für das Opfer die naheliegende Form von Gerechtigkeit sein. Das Gericht spricht im Namen des Volkes aus, was das Opfer empfindet: Der Täter hat mir gegenüber Unrecht getan und der Staat erklärt sich durch das Urteil mit mir solidarisch.

Im persönlichen Kontakt mit dem Täter, der sich ernsthaft mit der Tat und ihren Folgen auseinandersetzt, kann sich das Gerechtigkeitsempfinden ändern. Der persönliche Maßstab kann bestehen bleiben, bekommt aber möglicherweise eine andere Bedeutung. Bedeutete für das Opfer Strafe zuvor z.B. Freiheitsentzug, kann Strafe nunmehr heißen: Zahle mir viel Schmerzensgeld. Strafe, die zuvor als Übelzufügung für den Täter gemeint war, kann im Laufe des TOA bedeuten: Gutes für mich als Leistung des Täters. Die Bedeutung wandelt sich von Genugtuung zum Ausgleich.

17.
Durch einen TOA kommt es bei den Opfern häufig zu einer Differenzierung zwischen prinzipiellem und konkretem Strafbedürfnis.

Das gleiche Phänomen wie bei 16. „Strafe muss sein!" forderte das Opfer, beschreibt zunächst eine Position. Ein Bedürfnis ist etwas anderes. Es verbirgt sich hinter der Position, z.B. das Bedürfnis nach Sicherheit, Freiheit, Unversehrtheit, Anerkennung. Es ist eine „Ich-Botschaft". es drückt aus, was mir wichtig ist und was ich brauche. In dem Begriff „Strafbedürfnis" steckt eine „Du-Botschaft": Du sollst bestraft werden. Die Differenzierung zwischen prinzipiellem und konkretem Strafbedürfnis ist die Differenzierung zwischen „Du" und „Ich". Kommt es im Verlaufe des TOA zu einer Einigung, wird aus zweimal „Ich" ein „Wir".

18.
Im TOA erscheint Gerechtigkeit nicht als vermeintlich objektives Kriterium, sondern als subjektiver Maßstab.
Gerechtigkeit wird für die betroffenen Täter und Opfer verhandelbar und kann auf diesem Wege mit konkreten und kreativen Inhalten gefüllt werden.

Gerechtigkeit hat im TOA eine materielle und eine immaterielle Komponente. Am Anfang steht stets die immaterielle Klärung. Die Aufarbeitung der Tat mit dem Ziel der Verständigung. Diese ist die Basis für die Einigung in der materiellen Frage. Das Ergebnis z.B. der materiellen Wiedergutmachung hängt davon ab, inwieweit Täter und Opfer aufeinander zugegangen sind bzw. noch auseinanderliegen.

Im besten Fall gehen die Beteiligten nicht mehr als „Täter" und „Opfer" auseinander, sondern als Theo A./Thea A. und Karl B./Karla B. Sie haben ihre Rollen abgelegt.

> **19.**
>
> **Die Zufriedenheit der Betroffenen und ihr Empfinden von Gerechtigkeit hängt hauptsächlich von der subjektiv erlebten Fairness des Prozesses ab, weniger vom objektiven (oder materiellen) Ergebnis.**

Das Ergebnis ist meist zufriedenstellend, wenn der innere Frieden eingekehrt ist. Das objektive Ergebnis muss nicht zwangsläufig eine vorzeigbare Vereinbarung sein, in dem der Täter eine Verpflichtung eingeht, z.B. zur Zahlung eines Schmerzensgeldes. Ein als gerecht empfundenes Ergebnis kann eine verbesserte Kommunikation, ein Gefühl des Verstanden-Worden-Seins, ein wechselseitiger Verzicht oder eine friedliche Trennung sein. Wesentlich ist, dass es ihr Ergebnis ist und nicht die Lösung oder das Urteil eines Dritten.

Wir wünschen Ihnen viel Freude und Erfolg bei Ihrem Täter-Opfer-Ausgleich!

Eine Bitte zum Schluss:

Die Verfasser sind daran interessiert, diesen Leitfaden weiterzuentwickeln, zu verbessern und zu aktualisieren. Wir bitten daher um Wünsche, Anregungen, Verbesserungsvorschläge etc. per E-Mail an eine der folgenden Adressen:

Hendrik Middelhof
E-Mail: hmiddelhof@gmail.com

Winfried Priem
E-Mail: winfriedpriem@web.de

Selbstverständlich stehen wir Ihnen für Schulungen/Seminare gern zur Verfügung.

ANHANG 1: DIE CHECKLISTE

Checkliste TOA	Fall-Nr.:		Eingang:		Frist:	
	Name, Vorname; Adresse				Geburtsdatum	Telefon
Täter 1						
Täter 2						
Täter 3						
Täter 4						
Opfer 1						
Opfer 2						
Opfer 3						
Opfer 4						
Verfahrensart:						
Delikt:		Tatzeit:		AZ:	Schl:	
Arbeitsablauf:		Ergebnis:		Termine	Wvl:	

LITERATURANGABEN

Arbeitskreis deutscher, schweizerischer und österreichischer Strafrechtslehrer (1992): Alternativ-Entwurf Wiedergutmachung (AE-WGM). München.

Besemer, C. (1994): Mediation. Königsfeld.

Birkenbihl, V. F. (1990): Fragetechnik schnell trainiert. München.

De Bono, E. (1989): Konflikte – Neue Lösungsmodelle und Strategien, Düsseldorf.

Deutsche Vereinigung für Jugendgerichte und Jugendgerichtshilfen (Hrsg.) (1994): Jugendhilfe im Jugendstrafverfahren. Standort und Wandel. Leitfaden für die Arbeit der Jugendgerichtshilfe. Hannover.

Diemer, H., Schatz, H., Sonnen, B.-R. (2015): Jugendgerichtsgesetz. Kommentar. 7. Auflage. Heidelberg.

Diez, H., Krabbe, H., Thomsen, C. S. (2002): Familien-Mediation und Kinder. Köln.

Duss-von Werdt, J. (2005): Homo Mediator. Stuttgart.

Fisher, R., Ury, W., Patton, W. (1993): Das Harvard-Konzept, Sachgerecht verhandeln – erfolgreich verhandeln. Frankfurt am Main/New York.

Hacks, S., Wellner, W., Häcker, F. (2018): Schmerzensgeld-Beträge, (Buch mit CD-ROM und Online-Zugang, 836 S.). Bonn.

Hanak, G., Stehr, J., Steinert, H. (1989): Ärgernisse und Lebenskatastrophen. Über den alltäglichen Umgang mit Kriminalität. Bielefeld.

Hartmann, A., Schmidt, M., Kerner, H.-J. (2018).: Täter-Opfer-Ausgleich in Deutschland. Auswertung der bundesweiten Täter-Opfer-Ausgleich-Statistik für die Jahrgänge 2015 und 2016. In: Bundesministerium der Justiz und für Verbraucherschutz (Hrsg.). Reihe Recht. Mönchengladbach.

Höynck, T. (2007): Zu den Ausweitungen der Opferrechte im JGG durch das 2. JuMoG. In: Zeitschrift für Jugendkriminalrecht und Jugendhilfe (ZJJ) 1/07. Hannover.

Kahlert, C. (1980): Ausgleich zwischen Täter und Opfer aus der Sicht des Strafverteidigers. In: Trierer Protokolle 9/1980 der kath. Akademie Trier. Trier.

Landeskriminalamt Nordrhein-Westfalen (2006): Das Anzeigeverhalten von Kriminalitätsopfern. Kriminalistisch-Kriminologische Forschungsstelle Analysen Nr. 2/2006. Düsseldorf.

Lenz, C. (2003): „Pre-Mediation": Die Klärung vor der Mediation. In: Harald Pühl (Hrsg.) Mediation in Organisationen. Berlin.

Netzig, L. (2000): Brauchbare Gerechtigkeit. Mönchengladbach.

Schreckling, J. (1990): Täter-Opfer-Ausgleich nach Jugendstraftaten in Köln. In: Bundesministerium für Justiz (Hrsg.). Reihe Recht. Bonn.

Schreckling, J. (1992): Bestandsaufnahmen zur Praxis des Täter-Opfer-Ausgleichs in der Bundesrepublik Deutschland. In: Bundesministerium der Justiz (Hrsg.). Reihe Recht. Bonn.

Tampe, E. (1992): Verbrechensopfer. Stuttgart.

Thomann, C., Schulz von Thun, F. (1992): Klärungshilfe. Hamburg.

Prozessleitplan zum Täter - Opfer - Ausgleich

Falleingang:

Prüfung der Eignungskriterien

Kriterien

- Geschädigte/r: Natürliche Person
- klarer Sachverhalt/Tatverdacht
- Bagatellklausel
- Regelungsbedürftigkeit
- Freiwilligkeit/Selbstbestimmung

Techniken/Interventionen

- Einbeziehen aller Konfliktparteien
- Einbeziehen gesetzl. Vertreter
- Einbeziehen von Rechtsanwälten
- schriftliche Kontaktaufnahme

Hintergrundwissen

- Pre – Mediation (Vorbereitung)
- Konfliktanalyse
- Rollenklärung
- Hypothesen
- evtl. Mehrparteien -Mediation
- evtl. Co - Mediation

Einladung des Täters:

Vorgespräch mit dem Beschuldigten

Kriterien

- Information über Verfahrensstand
- TOA erläutern
- Sichtweise des Beschuldigten
- Bereitschaft zum TOA abfragen
- Weitere Schritte klären

Techniken/Interventionen

- Gefühls- und Sachebene trennen
- Normalisieren
- Paraphrasieren
- Lineares Fragen
- Positives Umformulieren
- Zukunftsorientieren
- Zusammenfassen
- Wertschätzendes Feedback

Hintergrundwissen

- Selbstbehauptung
- Hypothese/n
- Rolle des Rechts
- Fairnesskriterien
- Indikation/Kontrakt
- evtl. Mehrwege-Mediation

Einladung des Opfers:

Vorgespräch mit dem Geschädigten

Kriterien

- Information über Verfahrensstand
- TOA erläutern
- Sichtweise des Geschädigten
- Bereitschaft zum TOA abfragen
- evtl. Pendeldiplomatie
- Weitere Schritte klären

Techniken/Interventionen

- Gefühls- und Sachebene trennen
- Normalisieren
- Paraphrasieren
- Lineares Fragen
- Positives Umformulieren
- Zukunftsorientieren
- Zusammenfassen
- Wertschätzendes Feedback

Hintergrundwissen

- Selbstbehauptung
- Hypothesen
- Rolle des Rechts
- Fairnesskriterien
- Indikation/Auftrag
- evtl.Mehrwege-Mediation

Einstiegsphase:

Ausgleichsgespräch I

Kriterien

- Begrüßung
- Ziel formulieren
- Rolle des Mediators erläutern
- Regeln vereinbaren
- Einverständnis einholen
- nächsten Schritt erklären

Techniken/Interventionen

- Gefühls- und Sachebene trennen
- Normalisieren
- Informieren
- Motivieren
- Vertraulichkeit sicherstellen

Hintergrundwissen

- Setting
- Selbstbehauptung
- Wechselseitigkeit
- Mediieren von Regeln

Prozessleitplan zum Täter - Opfer - Ausgleich

Hauptphase:

Ausgleichsgespräch II

Kriterien

- zur Tat: Sichtweisen darstellen
- Konflikthintergründe (-erhellung)
- evtl. Themensammlung
- Bedürfnisse/Interessen
- Entwicklung von Optionen
- Verhandeln
- Vereinbaren
- evtl. Opferfonds

Techniken/Interventionen

- Lineares Fragen
- Paraphrasieren
- Fokussieren
- Reframing
- Zirkuläres Fragen
- Reflektives Fragen
- Zukunftsorientieren
- Brainstorming
- evtl. Recht/Fairnesskriterien mediieren
- Advokatus Diaboli
- evtl. Visualisieren (bei Gruppen)

Hintergrundwissen

- Wechselseitigkeit
- Hypothese/n
- Fragetechniken
- Klärungshilfe (nach Thun)
- Eisbergmodell
- tiefere Bedeutung
- Fairnesskriterien
- Rolle des Rechts
- Verhandlungsmodelle
- Ökonomie und Ökologie
- Wechselseitigkeit

Abschlussphase:

Ausgleichsgespräch III

Kriterien

- Vereinbarung schriftlich festhalten
- Weitere Schritte klären
- Abschluss
- Verabschiedung

Techniken/Interventionen

- Positives Umformulieren
- Visualisieren
- Wertschätzendes Feedback
- Abschiedsritual

Hintergrundwissen

- Selbstbehauptung
- wenig Wechselseitigkeit
- Formulierung, Verbindlichkeit und Vollstreckbarkeit von Vereinbarungen
- Visualisieren

Umsetzungsphase:

Überwachen, evtl. Änderung der Vereinbarung

Kriterien

- schriftliche Nachweise
- telefonische Bestätigungen
- persönliche Einzelgespräche
- Abschlussbericht an die Justiz
- Beschluss oder Urteil abwarten

- TOA - Statistik

Techniken/Interventionen

- alle bekannten Techniken

- Erfahrungsbericht/Bundesstatistik

Hintergrundwissen

- Post – Mediation (Nachbereitung)
- alle bekannten Methoden

- PC - Kenntnisse